調べる力がぐんぐん身につく

藤田式「調べる学習」指導法

中学校編

藤田利江●著

CD-ROM付

子どもの未来社

はじめに

　　調べ学習は、小学校でも中学校でもよく取り組む学習だと思います。国語や社会、理科だけでなく、総合的な学習でも修学旅行や職場体験などで調べることは多いことでしょう。

　私は以前、小学校の教師をしていて高学年の担任が多かったこともあり、様々な学習で調べ学習を実施しました。でも、その度に子どもたちがどのように調べて、どのような思考を通して調べたことをまとめたのか、わかりにくいことが気になりました。何とかそれを解明したいと思い、一人ひとりの子どもの学習の経緯を調べてまとめてみようと思ったのですが、40 人近い人数ではとても時間がかかることや、毎日の授業をすることで精いっぱいで、そういう調査をする時間がないのが現状でした。

　これでよいのだろうかと疑問を感じながら毎日が過ぎていたある日、『情報大航海術』（片岡則夫 / 著　リブリオ出版）という本に出合いました。厚めの本でしたが、読み始めるとなかなか面白い。見ると、私の勤務している小学校のすぐ近くの高校の先生が執筆されているではありませんか！　すぐ連絡を取り訪問をお願いすると、快諾していただくことができました。それが片岡則夫先生との出会いでした。片岡先生の実践をうかがい、生徒さんの作品をたっぷり見せていただき、私は調べ学習がこんなふうにできたらいいなと思いました。

　その後も片岡先生の実践には遠く及ばず、現在でも試行錯誤していますが、片岡先生の紹介で、神奈川県座間市の市立図書館で「親子で調べる講座」を始めたことがきっかけとなり、現在も「調べる学習チャレンジ講座」の展開をさせていただいています。この講座はどんどん広がっていき、現在までに540 回を超えました。小学生だけでなく、中学生や教員も対象に実施しています。90 分間でテーマを決め、調べたことをまとめることが基本です。その中に調べる学習の進め方、引用のしかた、著作権に関わる事項、まとめ方などを盛り込み、短時間で基本を学ぶことができるようにしました。この学習を体験した多くの先生方から「調べ学習のさせ方がわかった」「こういうカードを活用して次の調べ学習もさせたい」といった声を聞きます。実際にこの方法を活用、発展させて、何度も調べ学習を指導される先生もいます。

私の蒔いた種は本当に小さなものですが、先生方や子どもたちが楽しく学習する様子を見ていると、この種があちこちに飛んで行き、それぞれの花や実になってくれることがとても楽しみになりました。また、わかりやすい本が欲しいという要望もあり、昨年、『藤田式調べる学習指導法　小学校編』を発行いたしました。CD-rom も付属しており、だれでも簡単に実践できる内容です。ご覧になった先生方や司書の皆様から、「中学校編も欲しい」との声があり、中学校でもぜひ実践していただきたいとの願いを込めて中学校編を出版しました。

　幸いにも、以前から交友があった札幌市の中学校で司書教諭をされていた佐藤敬子先生に協力を依頼すると、快く引き受けてくださいました。学校図書館を活用した授業を数多く手がけた佐藤先生は、具体例をたくさんお持ちです。

　学校図書館を学習で利用するには、活用しやすい環境が必要です。中学校でも小学校でも、学校教育の一環として学校図書館があるのですから、授業がしやすい環境づくりを心がけることが重要です。そのためのヒントとして、神奈川県大和市の学校司書、宇田典子さんの実践を紹介させていただきました。

　つい先日、江戸川区のある学校を訪問し、調べる学習で作成した生徒さんの作品を見せていただきました。先生方のご指導のもと、1年足らずで今までとは違う取り組みが展開され、生徒の思いが詰まった作品が数多くありました。前述の片岡先生が勤務されている私立清教学園を2年前に訪問したときは、生徒さんの作品のでき映えに驚きましたが、江戸川区で拝見した作品からは教員の指導や生徒の取り組み方次第で、よりよい調べ学習を目指すことはできると確信しました。

　先生方や生徒の皆さんが「調べてわかる」「自分の思いや考えがはっきりする」という体験を通して、学習の楽しさ、面白さを感じていただくことができたらいいなと思います。まずはチャレンジ！　この本から授業に活かせるものを試してみてください。そして、アレンジしながら調べ学習をより楽しく、より効果的に実践していただくことを期待します。

藤田利江

もくじ★CONTENTS

はじめに……2　　　CD-ROM（付録）の内容……6

1　調べる学習とは？

(1)「調べ学習」と「調べる学習」……7
(2)「調べる学習」の現状……8
(3) 教員向け研修会の実施……10

2　中学校の調べる学習

(1) 課題を設定する……11
(2)「太陽チャート」をつくる……11
(3)「引用カード」に書く……13
(4)「要約カード」に書く……14
(5) インタビュータイムの設定……15
(6)「考察カード」に書く……15
(7) 1枚にまとめる……16
(8) 中学生の調べる学習指導案……16
(9) 中学生の調べる学習指導資料……22

3　調べる学習を進めるための様々な授業

(1)～(5) 協力・佐藤敬子

(1) 日本十進分類法の指導……34
(2) 参考図書を活用する……44
(3) 切り抜き資料をつくる……50
(4) 情報を比較する……53
(5) レポートをつくる……59
(6) 複数のメディアを活用する……64
(7) 様々な視点からの手法……66

4　学校図書館を活用するための環境づくり

(1) 蔵書数と配分比率……75
(2) 配架と所在記号（請求記号）……77
(3) 資料の収集とファイル化……78
(4) 地域資料の収集と作成……80
(5) 表示やサインの工夫……82
(6) 学校図書館の環境を考える……82
(7) パスファインダーの作成……90
(8) 調べる学習用　基本図書リスト……96

5 学校図書館の活用を推進する支援体制

(3) 協力・佐藤敬子

(1) 学校図書館の支援活動……98
(2) 支援組織づくり……99
(3) 校内の体制づくりと活用指導年間計画の作成……100

参考資料：中学校学習資料要領（一部抜粋）……108

おわりに……124
参考文献……126

●ワークシート●

太陽チャート…18 ／引用カード…19 ／要約カード…20 ／考察カード…21

オリエンテーションで配布する「学校図書館のしおり」……37-40 ／図書館クイズ…41

「ズッコケ三人組の図書館で調べよう」視聴メモ…42

「宝の山」からお気に入りを探そう…43

参考図書を使おう　クイズにチャレンジ！…46-49

新聞でファイル資料をつくろう！…51-52

発行社の違う同日の新聞を比べてみよう…55 ／地域の違う新聞を比べてみよう…56

情報を比べてみよう①…57 ／情報を比べてみよう②…58

ミニレポートをつくろう！…61-62 ／参考資料リスト…63

シックスハット…71 ／クリティカルリーディング…73 ／ピラミッドチャート…73-74

パスファインダー…94-95

読書活動についてのアンケート…104-107

ワークシートについて

☆ワークシートをコピーして使用する場合は、
1ページにつきＡ４サイズに拡大してご利用く
ださい。
　その際、「引用カード」は黄緑色の用紙に、「要
約カード」は水色、「考察カード」はオレンジ色
の用紙に印刷しましょう。

※印刷する色

黄緑色の用紙
「引用カード」

オレンジ色の用紙
「考察カード」

水色の用紙
「要約カード」

CD-ROM （付録）の内容

※ PowerPoint については、Microsoft のサイト (https://www.microsoft.com) にてご確認ください。PDF 版も入っています。

A　ワークシート　PDF

- 01_ 太陽チャート
- 02_ 引用カード
- 03_ 要約カード
- 04_ 考察カード
- 05_「学校図書館のしおり」
- 06_ 図書館クイズ
- 07_「ズッコケ三人組の図書館で調べよう」視聴メモ
- 08_「宝の山」からお気に入りを探そう
- 09_ 参考図書を使おう　クイズにチャレンジ！
- 10_ 新聞でファイル資料をつくろう！
- 11_ 発行社の違う同日の新聞を比べてみよう
- 12_ 地域の違う新聞を比べてみよう
- 13_ 情報を比べてみよう①
- 14_ 情報を比べてみよう②
- 15_ ミニレポートをつくろう！
- 16_ 参考資料リスト
- 17_ シックスハット
- 18_ クリティカルリーディング
- 19_ ピラミッドチャート
- 20_ パスファインダー
- 21_ 読書活動についてのアンケート

※印刷する色

「引用カード」…黄緑色　「要約カード」…水色　「考察カード」…オレンジ色

B　中学生の調べる学習指導資料

(Microsoft PowerPoint 2007 拡張子「.ppt」)（PDF）

- 01_ 調べる学習チャレンジ講座：テーマ「花火」
  内容：7つのミッション／太陽チャート／引用カード／要約カード／テーマ選び／インタビュー／考察カード　など
- 02_ 調べる学習チャレンジ講座：テーマ「鉄」
  内容：7つのミッション／太陽チャート／引用カード／要約カード／テーマ選び／インタビュー／考察カード　など

本書付録 CD-ROM　使用上の注意点

①必要動作環境：CD-ROM を読み込むことができるパソコンでお使いいただけます。PowerPoint データは、Windows 対応〈推奨 OS:Windows XP 以上 PowerPoint2007 以上 Microsoft のサイト (https://www.microsoft.com) にてご確認ください〉。

②取扱上の注意：ディスクを持つときは、再生盤面に触れないようにし、キズや汚れなどをつけないようにしてください。また、使用後は直接日光が当たる場所など、高温・多湿になる場所を避けて保管してください。

③その他の注意事項：付属 CD-ROM を紛失・破損した際のサポートは行っておりません。また、付属 CD-ROM を使用することで起きたいかなる損害及び被害につきましても著者及び子どもの未来社は一切の責任を負いません。

1 調べる学習とは？

(1)「調べ学習」と「調べる学習」

　小・中学校の教育現場では、パソコンや本などを使って調べること(学習)について、「調べ学習」といっています。教育関係の書籍にも「調べ学習では……」といった表現がよくみられます。児童・生徒にも「次の時間は調べ学習をします」と伝えていたりします。確かに、何かについて「調べる」という行為が伴う場合、「調べ学習」といった方が、児童・生徒にとってはどのような学習をするのかがわかりやすいでしょう。

　ただ、私は「調べる」という行為が特別な学習ではないと思っています。「調べ学習」とわざわざ特定しなくても、調べ学習は「学習」そのものであって、他の学習と何ら変わらないと思いたいのです。なぜかというと、調べる行為は日常茶飯時の学習であって欲しいという願いがあるからです。

　そこで、この本では「図書館を活用して調べる行為」として、以下より「調べる学習」という表記に統一したいと思います。この場合の「図書館」とは、主に学校図書館を指していますが、公共図書館を活用する場合もあるので、学校図書館に限定するものではありません。また、「図書館」は書籍だけでなく、様々なメディアを所蔵する場所です。それゆえ、活用する「図書館資料」は本に限らず、パソコンやタブレットなどICT機器も含まれますし、新聞などの印刷物も「図書館資料」となります。

　ある大学の先生が「大学生がレポートや卒業論文をきちんと作成できないのは、小学校や中学校で調べる学習をさせるからだ」といわれたという話を聞いたことがあります。私は一瞬驚きましたが、この先生は児童・生徒に調べたことを写させているだけ、コピペを許可してしまっている教師の指導方法を非難されていたのです。この非難はもっともなことだと思います。小・中学校から調べる学習のさせ方、「学び方を学ぶ」指導がしっかりされなければなりません。この本では、「調べる学習」として、2章からはその指導方法を具体的に紹介していきます。

　また、近頃では「探究学習」という言葉もよく目にしますが、小・中学校では計画された時間内でその学習が終結することを目指す場合が多いので、長期間にわたって継続する探究学習はむずかしい学習ではないでしょうか。ただ、学習方法としてそのように提起されていることも多くなってきたので、ここでは「調べる学習」としました。

(2)「調べる学習」の現状

①調べる学習のテーマ

　小学校でも中学校でも、調べる学習はよく行われています。小学校では学年によって異なったテーマを設定することが多いですが、中学校では同じようなテーマでも学校によって扱う学年が違っていたり、同じテーマを2学年連続で（学年をまたいで）取り組んだりすることがあります。特に多いテーマが、「修学旅行」や「職業体験」、「校外学習」です。行事に関して、調べる学習をすることが多いのです。小学校でも行事に関わる調べる学習は盛んですが、それ以上に教科での学習も取り組まれています。中学校の場合、小学校に比べると教科での活用は少ないようです。

　図書館を活用したことのある授業について、200名ほどの中学校の先生方にさっと思いつくことをアンケート形式で自由に記載していただきました。すると、「修学旅行」や「職業体験」などの主に行事関係の調べる学習を1項目だけをあげた先生は43%でした。「思いつく授業はない」という回答は33%もあり、1項目だけあげた場合と合わせると全体の77%を占めました。図書館を担当する先生方は「図書館を活用する」ことに積極的な方が多いようですが、図書館担当以外の先生の大半は、図書館を活用して授業をするまでにはなかなか至らないようです。現場からは、「中学生に読書指導をすることはむずかしい」とか「生徒のためにどのような読書活動を行っていくか真剣に考えることがない」といった先生方の本音も耳にしました。

　また、調べる学習については、「パソコンやタブレットを利用することが多い」という回答は圧倒的に多く、その学習は「修学旅行や職業調べなど総合的な時間に限られている」ことが多いようです。そもそも「図書館を活用したいが、授業時数や年間の行事予定などを考えるとむずかしい」というのが現状のようで、「図書を活用した学習活動はやらせたことがない」、「授業で図書館を活用することができていない」という回答につながっています。

②司書教諭の現状と課題

　文部科学省が実施した平成28年度4月1日現在の「学校図書館の現状に関する調査」では、司書教諭が発令されている割合は、小学校では68.0%（12学級以上は99.3%）、中学校では65.0%（12学級以上は98.3%）です。司書教諭配置が法制化された平成15年以降と比較すると増えてはいますが、11学級以下の学校には配置されず、全体としては70%にも満たない現状となっています。また、「司書教諭の授業時数を軽減した」という学校は、12学級以上では小学校で10.0%、中学校では12.8%に留まっています。

中学校では、司書教諭が配置されていても、司書教諭の担当できる教科が限られているため、他の教科にはくい込みにくいという声が多いのです。そこで、だれもが関係する行事絡みの調べる学習などになりがちなのでしょう。教科での活用がなかなか進まないのは、ここにも原因があると思われます。

③学校図書館の整備と課題

　学校図書館の整備に関しては、課題が山積しています。まず、本が少ないのです。文部科学省が実施した「学校図書館の現状に関する調査」における学校図書館図書標準の達成状況（平成 27 年度末）を見ると、全国の公立小学校の場合 66.4％、公立中学校の場合 55.3％の学校が図書標準を達成しています。10 年前の平成 17 年度では、小学校37.8％、中学校 32.4％ですから、蔵書は増加していることは事実ですが、100％に達するにはまだまだ時間がかかると思われます。私が見てきた多くの学校でも、図書標準に満たない学校図書館はかなりありました。例え図書標準がクリアされていても、とにかく本が古い。科学の分野でも発行が「昭和」という本が置いてあったり、背表紙が真っ白で題名もわからない、またはそれに近い本がかなりあったりするのです。これで「調べる」という学習が成り立つのかという状況です。

　さらに困ったことに多くの学校図書館では、蔵書の 50％以上は 9 類（文学・絵本も含む）なのです。50％台なら当たり前で、聞くと 70％に近い本が 9 類という学校も少なくありません。所蔵している本が比較的新しい学校でもこのような状況なのです。日本ではずっと学校図書館は「図書室」と呼ばれ、「読書をする場」という認識しかありませんでした。ですから、「読書センター」という機能ばかりが重んじられ、児童生徒が読む本（読書をするための本）を揃えるという考えが横行してきたのです。その結果、現状のように「学習センター」「情報センター」として機能しない学校図書館を構築してしまっているのでしょう。

　そして、一部の先生には「図書室は静かに学習する場所」だと考えられていて、少しでもおしゃべりするような児童生徒がいる限り、「図書室での学習はさせたくない」という思いがあるようです。さらに中学校では、「図書館まで管理しきれない」という生徒指導上の問題が大きく、人のいない図書館はもちろんのこと、学校司書が配置されていても生徒の指導に翻弄される先生の姿が垣間見られます。学校司書からは「授業で図書館を活用されることはほとんどない」とよく聞きますが、活用する前の先生方の意識を改善しないとむずかしいのかもしれません。

　このような現状ですが、「図書館を使った調べる学習コンクール」（図書館振興財団主催）を実施するようになった地域などを中心に、調べる学習に関心を高める自治体や学校も増えてきています。

（3）教員向け研修会の実施

　私が教員向け研修会で一番多く行っているのが、「調べる学習を考える〜基本のスキル〜」です。これは、調べる学習の進め方とその方法を簡単に体験していただく講座です。
　教員向けの研修会は、小学校と中学校の合同で行われることが多いですが、中学校の先生方にも小学校向けを体験していただきながら、中学校ではどのようにしたらよいのかをアドバイスしています。ここでの学習のポイントは、次のとおりです。
　　・しっかり読ませる。
　　・目的に合った情報を的確につかませる。
　　・重要な点を把握させてまとめさせる。
　　・自分の考えをもたせる。
　　※特に「自分の考え」を表現することは、中学生にはぜひ目標にしたいことです。

　この研修を受講した中学校の先生方の感想を一部紹介します。

●調べ学習を実際に自分でやってみたら、とても楽しかった。
●本を使って調べることで、思考が深まる過程を実感できた。
●具体的な調べ学習の方法がわかり、大変有意義だった。
●調べ学習の方法を学ぶことができ、現場で活かせると思った。
●限られたテーマではなく、自由に調べる体験を生徒にさせてみようと思った。
●具体的なステップを実際に体験することで、調べ学習の理解を深めることができた。
●テーマを設定することから始めるのは時間的にむずかしいが、この方法だと短時間で取り組むことができると思う。
●スモールステップで学習ができ、カードも有効活用しながら自然と作品になっているのがよかった。
●調べ学習は、生徒に考えさせてやる必要があると思った。
●学習を通してクラスで交流する手段としても非常に有用だと思った。

　先生が楽しく感じる学習であれば、きっとその楽しさが生徒にも通じることでしょう。楽しい学習には生徒は意欲的に取り組みます。そして、自分の課題を解決できると、生徒は達成感を味わうことでしょう。ひとりでも多くの生徒が「わかった！」と喜ぶ姿を、様々な教科、領域から生み出したいものです。

2 中学校の調べる学習

調べる学習の進め方をマスターしましょう

(1) 課題を設定する

　調べる学習は、知りたいこと（テーマ）がないことには始まりません。生徒の「調べたい」「知りたい」というテーマで学習を展開させる授業は行われているでしょうか。また、生徒にいきなり「知りたいことを調べてみましょう」ともちかけたとき、どれくらいの生徒がパッと学習に取りかかることができるでしょうか。

　フィンランドの小学校3、4年生は、「カルタ」と呼ばれるワークシートを徹底的にマスターするそうです。これは、ある言葉から連想されることをノートいっぱいになるまで書き出す、ウェビングのような学習です。この学習によって、テーマから考えられることを各自がイメージすることができるようになるといいます。

　ただ、日本ではどちらかというと与えられた課題で学習することが多いので、なかなかイメージを広げることができない生徒が多いのではないかと思います。そこで、「自分の課題をもつ」こと、つまり「問いをつくる」ことから始めていきましょう。

(2)「太陽チャート」をつくる

①練習用のテーマを提示する

　まず、自分の調べたいことを探します。しかし、「調べたいことがない」という生徒は多いのではないでしょうか。無理もありません。今まで、与えられる学習に慣れている生徒でしたら、いきなり「調べたいこと」を問われても悩むのは当然のことだと思います。そこで、今回の学習は次のことが目的であることを説明します。

> ・「問い」（テーマ、課題など）を自分で考えること
> ・主に本を使って調べること
> ・課題を設定し、調べてまとめるという一連の学習を行うこと
> ・作品を時間内に仕上げること（時間厳守）

　つまり、「調べ学習のやり方をマスターすることが目標である」ことを伝えるのです。

はじめの「問い」をつくるには、「太陽チャート」(p.18参照)を使います。このチャートは自由に調べたいことを書き出すには便利です。その「調べたいこと」に悩む生徒が多いので、初めての学習では、ある程度のテーマ(課題となるキーワード)を提示します。これは教科や総合的な学習ではあまり扱わないようなテーマで、生徒の日常生活に関連している、身近なテーマを選んでみるとよいでしょう。

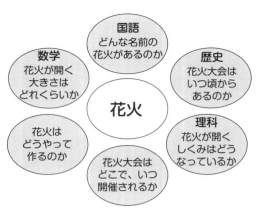

もちろん生徒の自由なテーマで進めてもらうのが理想ですが、各自の調べたいことに合致した本や資料がない場合も多いでしょうし、テーマに迷ってなかなか決まらない生徒もいることを考えると、初回は指示されたテーマで取り組むことが、調べる学習の練習になると思います。

私がよく提示するテーマは次のようなものです。

アリ・お金・音・鏡・サクラ・砂糖・塩・水族館・台風・月・電池
時計・トマト・橋・パン・光・ヒマワリ・ペット・文字・リンゴ

これらのテーマは、『こども大百科』(小学館)または『21世紀こども百科第2版』(小学館)に見開きで記載されているテーマです。タイトルに「こども」とありますが、内容は大人でも知らないこともあり、小学生から大人まで楽しめる本です。

②具体的な疑問をみつける

「太陽チャート」は、真ん中にテーマを書き、その周りの円に疑問を書き入れます。周りには必ず、疑問形で書くようにさせます。この方がより疑問が具体化し、調べる内容がはっきりします。例えば、調べたいことを「種類」とした場合、「何種類あるかを知りたい」のか、「どんな種類があるかを知りたいのか」がわかりにくいのです。自分が知りたいことや調べたいことを明確にするためには、質問の形式(疑問形)の方がよいでしょう。

疑問はやさしいものでかまいません。専門的なことを考える生徒もいますが、むずかしい疑問では対応する本や資料がないことも多くて、2時間設定の学習では終えることができません。この学習は「調べ方を知る」「調べる学習の進め方を理解する」ことが目標であって、内容の深いものを求めてはいないことを話し、2時間で解決するような疑問を立てるように促します。

それでもなかなか決まらない生徒には、次のような5W1Hを提示し、そのワード

を使うことを勧めます。こうすることで、疑問のつくり方が容易に理解できるようです。

●5W1H

いつ	どこ	だれ

なに	なぜ	どのように

(3) 「引用カード」に書く

　「太陽チャート」に疑問を書くことができたら、次は解答を探します。疑問に対する答えは、「引用カード」に書きます。このカードは小さめにしてあります。もっと大きなカードの方が書きやすいし、たくさん書けるのではないかと思われるかもしれませんが、あえて小さいカードにしました。その理由は、このような学習にどちらかというと消極的な生徒にも、無理なく取り組むことができるからです。初めから大きなカードでは、やる気のない生徒はますますやる気が失せてしまうのではないでしょうか。「これだけ書けば十分」というカードなら、何とか取り組んでもよいという気持ちになるかと思います。逆に「もっと書きたい」「書ききれない」という生徒には、続きは2枚目、3枚目に書くように指示します。書き出した文章には、「　」（括弧）を必ずつけるようにします。

　疑問に対する答えの部分をしっかり取り出すことが重要なので、何でも写せばよいということではありませんし、たくさん書いているからといってよい学習ができているということでもありません。生徒が適切な学習をしているか見極めることが大切です。

　また、著作権の基本として「出典」を明記し、書名、出版社名を記載するようにさせます。「出典」には著者名、出版年、所在記号（請求記号）なども記入することが多いですが、ここでは時間の制限があるので、書名と出版社名の記載にとどめています。

●引用カード

(見本➡ p.19　黄緑色の用紙にコピーする)

引用カード (疑問＝課題)	
課題	
調べたこと	
出典	出版社

(4)「要約カード」に書く

　『調べる学習指導法　小学校編』では、小学校の高学年でまとめる活動、いわゆる要約をしました。その時の要約はシンプルな２つの方法を紹介しました。引用文を見て大事だと思う部分に線を引いてまとめていく方法と箇条書きにする方法で、線を引く方は、引いた部分を見て「引用カード」２〜３枚を１枚にします。箇条書きも同様にして、２〜３枚のカードを１枚にまとめます。ただし、複数のカードをまとめることがむずかしい場合は、「引用カード」１枚の中の特に重要な部分を書き出してもよいということで学習を進めていきました。中学校でも同様のやり方で進め、それを「要約カード」に書きます。中学生は小学生よりも文章の読み取りや理解の深め方が早く、要点のつかみ方も適切にできると思いますが、基本を押さえるという点から、まずはしっかり読み、大事なことをつかませることがポイントです。丁寧な文字でしっかり書けていても、引用と同じだったり、要点がつかめていなかったりしていては意味がありません。また、資料を多く用意したり使ったりしても、的確な解答を出せないのでは、よい学習とはならないでしょう。WEB情報を活用させることも大切ですが、内容の理解が伴わない活用は無駄な学習ともいえます。限られた時間の中で最も有意義な学習をさせることが、調べる学習において大事なことです。

　「引用カード」は「　　」をつけるようにさせますが、「要約カード」は理解したことをまとめて書くので、「　　」をつける必要はありません。その違いを意識させるために２枚のカードの色を変えるようにします。

●引用カードと要約カードの例
（テーマが「鉄」の場合）

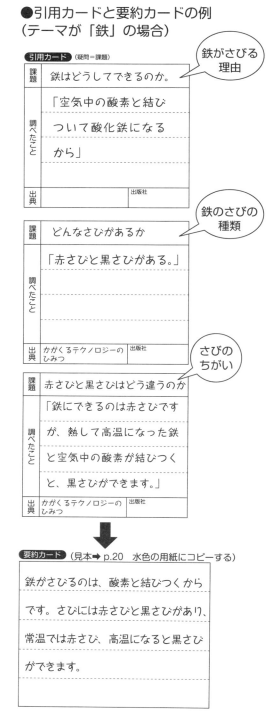

（5）インタビュータイムの設定

　ほとんどの生徒が何枚かのカードを書くことができた時点で、「インタビュータイム」を設定します。この時間は、生徒を2人か3人のグループにして、お互いにその時点までの学習を紹介し合います。インタビューすることは次の3つに決めます。質問は決まっているので、必ず答えるようにさせます。「わからない」とか「別にない」といった答えはタブー。しっかり質問に答えるようにさせます。

> **インタビューすること**
> ●何について調べていますか？
> ●どんなことがわかりましたか？
> ●もっと調べたいことは何ですか？

　グループの人数が均一なら、終わる時間に大差はありません。早く終わったグループは、少し待たせてもよいでしょう。

（6）「考察カード」に書く

　小学校では「感想カード」を設定しましたが、中学生には「考察カード」とします。「考察」としたのは、生徒自身の考えをできるだけ明確にさせたいからです。単なる「感想」ではなく、自分はどう思うのか、自分ができることは何か、自分だったらどうするか、などをしっかり自分の主張や意見として表現することが重要だと考えます。

　このカードも小さめにしましたが、自分の意見や思いを書ききれない場合は、何枚になってもよいでしょう。

●考察カードの例
（見本➡p.21　オレンジ色の用紙にコピーする）

> **考察カード**
>
> 　鉄はビルや車、電化製品、スチール缶など、様々なものに利用されている。利用しやすく、長持ちする鉄は、私たちの生活の一部になっていることを改めて感じた。そんな鉄の原料となる鉄鉱石は、ほぼ100％輸入しているのが現状だ。鉄を使った製品を大量に生産している日本。便利さの助長に甘んじることなく、資源や環境問題を視野に入れながら、日々の生活を考えるべきだと思う。

(7) 1枚にまとめる

　3種類のカードができたら、1枚の画用紙にまとめます。画用紙の表に貼るカードは「要約カード」と「考察カード」です。カードを色別にしておくと、わかりやすいでしょう。「引用カード」は裏に貼るようにします。内容がテーマと違っているカードであっても、書いたカードは全て貼らせましょう。

　テーマ（課題、調べたこと）は大きく書かせます。大きく書くことで、何を調べたのか、何がわかったのか、何を主張したいのかがわかるようにします。

　この3種類のカードが全て貼付されていることで、指導者は生徒一人ひとりの学習の過程を把握することができます。まず「引用カード」では、疑問に対する答えを探して的確に取り出すことができているか、次に「要約カード」では、引用カードに書いたことをしっかり要約できたか（自分なりのまとめができているか）、最後に「考察カード」からは、調べる学習で学んだことや、次の学習への意欲などを知ることができます。この3つの観点で、かなり客観的な評価ができるでしょう。

　今までこういった調べる学習は、ともすると作品の仕上がり具合で評価されがちではなかったでしょうか。また、作品やレポートを見て、たくさん書かれているものや丁寧に書かれているものなどを高く評価してしまうことがあります。しかし、生徒のその作品に至るまでの経緯が重要であって、学習の過程や調べてわかったことなどに対する考えを評価すべきでしょう。たった1枚のまとめですが、生徒の取り組みの様子を確実に知ることができる優れた作品ではないかと思います。

(8) 中学生の調べる学習指導案

※1年生で実施した指導案ですが、2年生、3年生にも応用できます。

◆中学1年学習活動案（2時間扱い）

1　学年組　　　　立　　　中学校　1年　　　　組
2　日時　　　　　年　　月　　日（　）　　　校時
3　場所　　学校図書館
4　学習のテーマ　「調べる学習にチャレンジ」
5　本時の目標
　・調べる学習の進め方を理解させる。
　・引用カードや要約、考察カードに適切な内容を書かせる。

6　本時の展開

学習活動と内容	担任の支援	・司書教諭の支援 ○学校司書の支援 （☆は準備）
・今日の学習の目当てを知る。	・調べる学習の方法を知り、実際に調べてまとめる学習をすることを伝える。	☆パワーポイント ☆カード各種、太陽チャート ☆図書資料、コピー ○カードを配布しておく。
調べる学習の進め方を知り、調べる学習にチャレンジしよう		
②調べる学習の方法を知る。 ・太陽チャート ・引用カード ・要約カード ・考察カード ・まとめかた	・カードの色が違うことを補足する。 ◇話をしっかり聞き、学習の進め方が理解できたか。	・学習の進め方についてパワーポイントで説明する。（p.22） ・疑問形の書き方を説明する。 ・引用や出典の書き方を理解させる。 ・要約や考察について具体例を参考に説明する。
③次の中から、自分が調べたいテーマを決め、調べたいことを考える。 ・月・塩・鏡・音・パン ・文字・電池・サクラ ・お金・水族館	・今回のテーマは練習であることを伝え、テーマを指示する。 ・「太陽チャート」に調べたいことを書かせる。 ・資料は見ないで課題を考えさせる。 ◇自分で課題を考えることができたか。	・調べたいことに迷っている場合は、個別のヒントをアドバイスする。 ○個々に対応したレファレンスをする。
④「引用カード」を書く。	・しっかり読ませ、課題の答えとなる記述を探させる。 ・見つけた部分をそのまま書き写すようにさせる。 ◇課題に対する適切な解答を書くことができたか。	・引用文であるので、「」を付けるようにさせる。 ・出典を書かせる。
⑥「要約カード」を書く。	・数枚の「引用カード」をまとめるようにさせる。 ・箇条書きを思い出させる。 ◇適切な要約をすることができたか。	
⑦「考察カード」を書く。	・「考察カード」には自分の考えも書くようにさせる。 ◇自分の意見、考えを表現することができたか。	

※時間があれば、簡単な発表をしたり、作品を見せ合ったりするようにする。
☆生徒の準備～画用紙（八つ切り、白色）、筆記用具、マジックやカラーペンなど
☆図書館での準備～電子黒板またはパソコン、プロジェクター、スクリーン

太陽チャート

年　　組　　氏名（　　　　　　　　）

①中央にテーマ（仮）を書きます。
②まわりの円に知りたいことや
　調べたいことを疑問形で書きます。

引用カード （疑問＝課題）

課題	
調べたこと	
出典	出版社

引用カード （疑問＝課題）

課題	
調べたこと	
出典	出版社

引用カード （疑問＝課題）

課題	
調べたこと	
出典	出版社

要約カード

要約カード

要約カード

考察カード

考察カード

考察カード

(9) 中学生の調べる学習指導資料

（パワーポイント説明用）

1 テーマ「花火」の場合

準備　画用紙、「太陽チャート」「引用カード」「要約カード」「考察カード」は事前に配布しておく。「引用カード」は黄緑色、「要約カード」は水色、「考察カード」はオレンジ色など色を変えて印刷しておく。各カードは縦半分に切り、1／2を1人分とする。画用紙は八つ切りの大きさで白色がよい。

★付録のパワーポイントを表示しながら説明する。 Click でクリックするとよい。

①

① Click 今まで様々なことについて調べたことがあると思いますが、今回はどのようにして調べてまとめるかの基本的な練習を行います。2時間の授業で、この白い画用紙に自分の作品を仕上げることが目標です。

② Click 調べてまとめる学習には進め方があります。
Click 7つのミッションを用意しました。
Click このようなミッションで進めるようにします。

②

③ Click 1つ目のミッションは、課題の設定です。課題の設定というのは、自分が知りたいことを考え、それを「太陽チャート」に書くことです。

Click 「花火」を例に考えてみましょう。花火のことで知りたいと思うこと、どうなっているのか疑問に思うことはありませんか？
　→（すぐ思いついた疑問を発表させる）
そういう疑問でよいです。どんなことでも疑問になりますよ。

Click 「花火大会はいつ始まったのか」というのも知りたいですね。

Click なかなか疑問がみつからない人は、教科でどんな勉強をするかを考えてみましょう。

Click 理科だったら「花火が開くしくみはどうなっているか」などと考えられますね。
それを「太陽チャート」に書きますが、ここでは先に続きのミッションについて話します。

③

④

④ ◉ さて、太陽チャートに知りたいことや疑問を書いたとしましょう。そうしたら、その疑問を解決する方法を考えます。どうしたらよいですか？ 何を使って調べますか？
→（生徒の考えを発表させる）

◉ そうですね。本やパソコンで調べたり、専門家に聞いたりします。
観察したり、実験したりするのも調べる方法のひとつです。

◉ 今日は図書館の本を使って調べることにします。

⑤

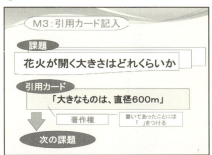

⑤ ◉ 花火の本をみつけて、読んだら答えがみつかりました。そうしたら「引用カード」に書きます。引用カードは黄緑色です。

◉ まず、1行目に課題となる疑問を書きます。

◉ それからその答えを書きます。引用するので、答えにはカギ「　」（括弧）をつけて書きます。これはWEB上に書かれていた場合も同じです。書いてあったことには、必ず括弧をつけます。

また、勝手に文章を変えて書いてはいけません。書かれたものには著作権があるので、書いてある通りに書きます。

「花火が開く大きさ」、「大きなものは、直径600 m」とあります。「大きなものは…」というのですから、「小さいものは」は当然、大きさが違うと考えられます。

◉ そこで、次の疑問が浮かんできました。

⑥

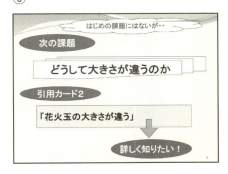

⑥ ◉ これは太陽チャートには書いていませんが、「どうして大きさが違うのか？」ということも知りたくなったとします。

◉ 調べてみると、それは「花火玉の大きさが違う」からだとわかります。

◉ さらに、大きさだけでなく、もう少し詳しく知りたいと思うと…。

⑦

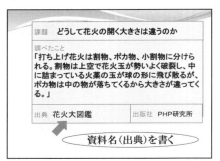

⑦ 🖱「打ち上げ花火は‥」(パワーポイントの「調べたこと」の画面)のように、火薬の出方に違いがあることがわかります。このように、わかったことからまた次の疑問が出てくると、調べることがますます楽しくなります。

🖱 出典として、調べた本の書名は必ず書きます。出版社も書いておきます。

⑧

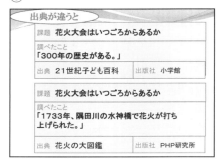

⑧ 🖱 出典が違うと、書いてあることが違うことがよくあります。

🖱「花火大会はいつごろからあるか」を調べると、この本には「300年の歴史がある」と書いてありました。

🖱 ところが違う本には、「1733年」と詳しく始まった年が書いてありました。
このように調べた本が違う時は、同じ課題でも別のカードに書きます。

⑨

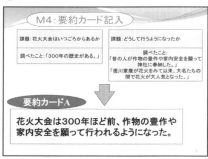

⑨ 🖱「引用カード」の次は「要約カード」に記入します。

🖱 2枚の「引用カード」にこのように(パワーポイントの画面)書きました。これを

🖱「要約カード」にこのように書きました。どう違っているかというと？
→(生徒の反応を聞く)

そうです。「要約カード」は「引用カード」の要点だけをピックアップしています。このように引用カードの大事なところをしっかり自分で考えてまとめていきます。

「引用カード」と同じようには書きません。また「要約カード」には「　」(括弧)はつけません。

⑩

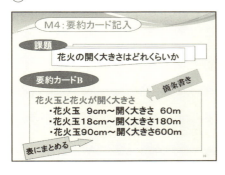

⑩ 🖱「要約カード」の書き方では別の書き方もあります。

🖱 花火の開く大きさですが、

🖱（パワーポイントの画面）このようにも書けます。こういう書き方を？
　→（箇条書き？）

🖱 そうです。また、

🖱 表にまとめるとわかりやすくなることもあります。

⑪

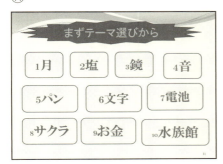

⑪ 🖱 では始めましょう。皆さんに「どんなテーマでもいいです」と言いたいところですが、今日は練習なので、

🖱 この10個のテーマで調べてみてください。
　→（テーマは生徒に選ばせてもよいが、時間がかかることが多い。ランダムにテーマを指示して始めても学習への支障はあまりない）

⑫

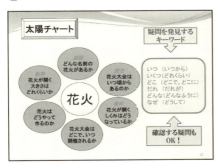

⑫ 🖱 最初に「太陽チャート」に記入します。

🖱 このように（パワーポイントの画面）テーマの周りに疑問を書いていきます。「大きさ」「しくみ」のように単語だけを書かないように。「大きさ」だけだと「花火の開く大きさ」を知りたいのか、「花火玉の大きさ」を知りたいのかわかりません。疑問はなるべく具体的に書きます。

🖱 疑問がみつからない人はこのヒントで考えてください。（パワーポイントの画面）

このキーワードを足すようにすると、簡単な疑問ができると思います。
　→（「太陽チャート」が書けたら調べてまとめさせるが、予め関連する本のコピーを1枚用意しておくとよい。そのコピーをまず読んで、それでもわからないことは他の本で調べさせる。こうするとコピーをしっかり読むので、疑問の解決に導きやすい）

⑬

⑬（時間は生徒の様子で調節するが、遅くても１時間目で「引用カード」を書くようにする。ここからは２時間目に入る）

🖱 ではここで一休み。筆記用具はおいてください。

🖱 これから「インタビュータイム」に入ります。質問することが決まっています。質問されたことには必ず答えてください。「知りません」とか「別にありません」と答えるのはタブーです。

🖱 では、ペア（または３人組になるよう指示する）になって始めましょう。

⑭

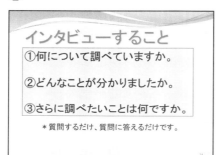

⑭ 🖱 質問することは

🖱 これです。（パワーポイントの画面）

⑮

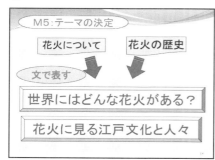

⑮（全員が終わったら）

🖱 次にテーマを決めます。

🖱 今日は「○○について」などと短いテーマではなく、

🖱 このように（パワーポイントの画面）長いテーマにします。テーマが決まらないという人は、自分の疑問をそのままテーマにしていいです。

⑯

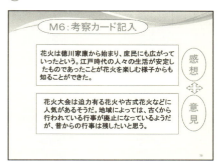

⑯ _{Click} 続いて「考察カード」を書きます。
_{Click} まず感想を書きますが、このような感じに（パワーポイントの画面）書くとよいでしょう。
_{Click} さらに意見を書きます。「意見ってむずかしいな」と思う人は、「こうすればよいのではないか」と思うことや、「自分だったらこのようにしたい」と書くので十分です。自分の考えを表現することが大事です。

⑰

⑰ _{Click} いよいよカードを用紙に貼ります。
_{Click} 長いテーマと学年、組、名前はマジックなどで直接書きます。テーマは大きめに書くと見栄えもするし、まとめやすくなります。
　表に貼るのは、「要約カード」と「考察カード」です。「引用カード」は裏に貼ります。
_{Click} そして大事なことは時間内に仕上げることです。

⑱

⑱ _{Click} では７つのミッション完了を目指して、続きに取り組んでください。

（パワーポイント説明用）

2 テーマ「鉄」の場合

準備 画用紙、「太陽チャート」「引用カード」「要約カード」「考察カード」は事前に配布しておく。「引用カード」は黄緑色、「要約カード」は水色、「考察カード」はオレンジ色など色を変えて印刷しておく。各カードは縦半分に切り、1／2を1人分とする。画用紙は八つ切りの大きさで白色がよい。

★付録のパワーポイントを表示しながら説明する。Click でクリックするとよい。

①

① Click 今まで様々なことについて調べたことがあると思いますが、今回はどのようにして調べてまとめるかの基本的な練習を行います。2時間の授業で、この白い画用紙に自分の作品を仕上げることが目標です。

②

② Click 調べてまとめる学習には進め方があります。
Click 7つのミッションを用意しました。
Click このようなミッションで進めるようにします。

③

③ Click 1つ目のミッションは、課題の設定です。課題の設定というのは、自分が知りたいことを考え、それを「太陽チャート」に書くことです。

Click 「鉄」を例に考えてみましょう。「鉄」のことで知りたいと思うこと、どうなっているのか疑問に思うことはありませんか？
➡（すぐ思いついた疑問を発表させる）
そういう疑問でよいです。どんなことでも疑問になりますよ。

Click 「カイロはどうして温かくなるのか」というのも知りたいですね。

Click なかなか疑問がみつからない人は、教科でどんな勉強をするかを考えてみましょう。

Click 理科だったら「どうしてさびるのか」などと考えられますね。それを「太陽チャート」に書きますが、ここでは先に続きのミッションについて話します。

④

④ 🖱 さて、太陽チャートに知りたいことや疑問を書いたとしましょう。そうしたら、その疑問を解決する方法を考えます。どうしたらよいですか？　何を使って調べますか？
→（生徒の考えを発表させる）

🖱 そうですね。本やパソコンで調べたり、専門家に聞いたりします。
観察したり、実験したりするのも調べる方法のひとつです。

🖱 今日は、図書館の本を使って調べることにします。

⑤

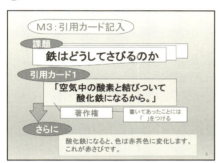

⑤ 🖱 鉄の本をみつけて、読んだら答えがみつかりました。そうしたら「引用カード」に書きます。引用カードは黄緑色です。

🖱 まず、1行目に課題となる疑問を書きます。

🖱 それからその答えを書きます。引用するので、答えにはカギ「　」（括弧）をつけて書きます。これはWEB上に書かれていた場合も同じです。書いてあったことには、必ず括弧をつけます。また、勝手に文章を変えて書いてはいけません。書かれたものには著作権があるので、書いてある通りに書きます。

鉄は空気中の酸素と結びついてさびるのだそうですが、「赤さび」ということが書いてありました。ということは他にもさびがあると考えられます。

🖱 そこで、次の疑問が浮かんできました。

⑥

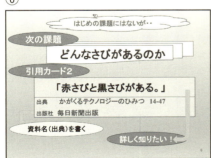

⑥ 🖱 これは「太陽チャート」には書いていませんでしたが、調べたら次の疑問が出てくるのは自然なことです。

🖱 「どんなさびがあるか」を調べてみると、

🖱 「赤さびと黒さびがある。」と書いてありました。
このさびはどう違うのか

🖱 さらに、詳しく知りたいと思うと…。

⑦

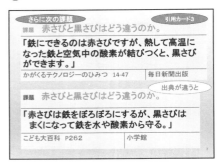

⑦ 🖱「赤さびは…」(パワーポイントの画面)のように、違いはわかりましたが、

🖱 出典が違うと、書いてあることが違うことがよくあります。同じ課題(疑問)でも調べた本が違うときには、別のカードに書き、書名と出版社名を記入します。

⑧

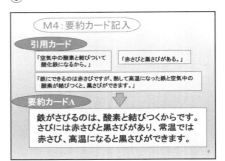

⑧ 🖱「引用カード」の次は「要約カード」に記入します。

※3枚の「引用カード」にこのように(パワーポイントの画面)書きました。これを

※「要約カード」にこのように書きました。どう違っているかというと
　→(生徒の反応を聞く。)

🖱 そうです。「要約カード」は「引用カード」の要点だけをピックアップしています。このように「引用カード」の大事なところをしっかり自分で考えてまとめていきます。「引用カード」と同じようには書きません。「要約カード」には「　」(括弧)はつけません。

⑨

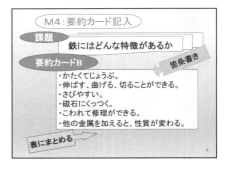

⑨ 🖱「要約カード」の書き方では別の書き方もあります。

🖱 鉄の特徴ですが、

🖱 (パワーポイントの画面)このようにも書けます。こういう書き方を？
　→(箇条書き？)

🖱 そうです。また、

🖱 表にまとめるとわかりやすくなることもあります。

⑩

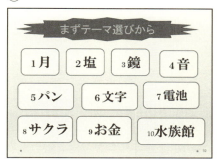

⑩ <Click> では始めましょう。皆さんに「どんなテーマでもいいです」と言いたいところですが、今日は練習なので、

<Click> この10個のテーマで調べてみてください。
→（テーマは生徒に選ばせてもよいが、時間がかかることが多い。ランダムにテーマを指示して始めても学習への支障はあまりない）

⑪

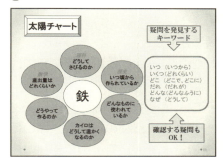

⑪ <Click> 最初に「太陽チャート」に記入します。

<Click> このように（パワーポイントの画面）テーマの周りに疑問を書いていきます。「産出量」のように単語だけを書かないように。「産出量」だけだと「産出量はどれくらいか」を知りたいのか、「産出量の変化」を知りたいのかわかりません。疑問はなるべく具体的に書きます。

<Click> 疑問がみつからない人はこのヒントで考えてください。（パワーポイントの画面）

このキーワードを足すようにすると、簡単な疑問ができると思います。

➡（「太陽チャート」が書けたら調べてまとめさせるが、予め関連する本のコピーを1枚用意しておくとよい。そのコピーをまず読んで、それでもわからないことは他の本で調べさせる。こうするとコピーをしっかり読むので、疑問の解決に導きやすい）

⑫

⑫（時間は生徒の様子で調節するが、遅くても1時間目で引用カードを書くようにする。ここからは2時間目に入る）

<Click> ではここで一休み。筆記用具はおいてください。

<Click> これから「インタビュータイム」に入ります。質問することが決まっています。質問されたことには必ず答えてください。「知りません」とか「別にありません」と答えるのはタブーです。

<Click> では、ペア（または3人組になるよう指示する）になって始めましょう。

⑬

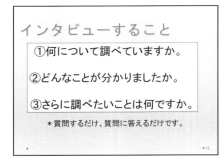

⑬ Click 質問することは

Click これです。（パワーポイントの画面）

⑭

⑭ （全員が終わったら）

Click 次にテーマを決めます。

Click 今日は「○○について」などと短いテーマではなく、

Click このように（パワーポイントの画面）長いテーマにします。テーマが決まらないという人は、自分の疑問をそのままテーマにしてよいです。

⑮

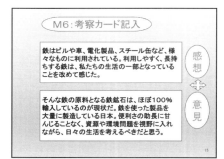

⑮ Click 続いて「考察カード」を書きます。

Click まず感想を書きますが、このような感じに（パワーポイントの画面）書くとよいでしょう。

Click さらに意見を書きます。「意見」ってむずかしいなと思う人は、「こうすればよいのではないか」と思うことや、「自分だったらこのようにしたい」と書くので十分です。自分の考えを表現することが大事です。

⑯

⑯ <Click> いよいよカードを用紙に貼ります。

<Click> 長いテーマと学年、組、名前はマジックなどで直接書きます。テーマは大きめに書くと見栄えもするし、まとめやすくなります。

表に貼るのは「要約カード」と「考察カード」です。「引用カード」は裏に貼ります。

<Click> そして大事なことは時間内に仕上げることです。

⑰

⑰ <Click> では7つのミッション完了を目指して、続きに取り組んでください。

3 調べる学習を進めるための様々な授業

調べる学習を展開するための様々なスキルを身につけましょう

（1）日本十進分類法の指導

　生徒たちに学校図書館を活用してもらうためには、年度の初めの「学級活動」の時間に「学校図書館の使い方」のオリエンテーションを行いましょう。学校図書館の利用について指導することは、学習指導要領の「特別活動」の中の「学級活動」に位置づけられています。オリエンテーションでは、日本十進分類法（以下、NDC）の指導をするようにします。

①校内放送を使った全校一斉オリエンテーション

　司書教諭が校内放送を使って全校一斉に15分程度の説明をします。その後、図書館クイズを実施したり、DVDを視聴したりして理解を深めます。その手順は次の通りです。

（ア）朝から教室にNDCの表を貼っておき、担任には生徒にその表をよく見るよう伝えてもらう。

（イ）各学級で、生徒に「学校図書館のしおり」（p.37 〜 40）を配布する。

（ウ）全校一斉の校内放送で、「学校図書館のしおり」を参考にさせながら司書教諭が次のことを説明する。

- ・学校図書館の役割
- ・NDCの説明
- ・図書館の開館日や時間
- ・図書館を利用するときのマナー
- ・○○中の学校図書館の広さや蔵書の数など
- ・図書の並び方や特別なコーナーについて
- ・貸出、返却方法
- ・調べものをする時の方法

（エ）放送後、各学級で担任が「図書館クイズ」（p.41）を配布し、生徒が回答し終わったところで答えを発表する。

（オ）次に20分間程度、図書館を使った調べ方についてのDVDを流す。ここでは例として、「ズッコケ三人組の 図書館で調べよう」（ポプラ社）を取り上げた。生徒には視聴前に「DVD視聴メモ」（p.42）を配布する。

（カ）視聴後、生徒がメモに記入し終えたら、担任が穴埋め部分の解答を発表する。

このオリエンテーションでは、全校生徒が一斉に話を聞くことで理解を図ることができます。また、生徒だけでなく先生方もほぼ全員が同じことを見聞きするので、学校図書館利用法の徹底を図ることができます。毎年実施すると２、３年生は複数回の学習となりますが、くり返し学ぶことが図書館の理解を深め、図書館の利用を促進することにもつながります。

「図書館クイズ」は学年ごとに作成し、問題の難易度に変化をつけましょう。「DVD視聴メモ」についても、１、２年生には穴あき用紙に書き込ませ、担任が答えを伝えますが、３年生は各自でメモを取るようにさせ、そのメモを回収してどのくらい生徒の理解が深まったかを確認してもよいでしょう。

②１年生向けオリエンテーション

全校一斉の学校図書館オリエンテーションを実施後、１年生を対象にした分類の指導を行います。国語科の授業でなるべく早い時期に実施したいものです。この授業は国語科の教科書も参考にさせながら、次のような手順で行います。

（ア）「学校図書館には本以外にどんな資料があるでしょうか？」と質問し、気づいたことを発表させる。

（イ）図書館資料の配架及び NDC について説明する。全校一斉オリエンテーションの時に配布した「学校図書館のしおり」を活用する。

（ウ）請求ラベルと奥付の見方などについて説明する。

（エ）０～９類に配架された本の中から、各類ごとに１冊ずつ自分が気に入った本を探させる。

（オ）探した本をワークシート（p.43）に記入させ、時間内に 10 種目（０～９類）の完全制覇（全ての分類の本をみつける）を目指すようにさせる。時間は 20 分程度が適切。

「お気に入りの本を探す」という学習ですが、１年生は目を輝かせて本探しに没頭します。「図書館にはどんな資料があるか」という質問では、図書以外の様々な図書館メディアについても説明するとよいでしょう。パソコンでの検索やインターネットを利用する時の注意点なども簡単に説明しておきましょう。

「発行所」や「発行年」を調べることは、奥付の見方の指導にもなります。一斉に説明はしますが、本によって奥付の位置が違ったり書き方が微妙に違ったりすることもあるので、個々に対応する必要があります。

また、本探しでは「あと10分です」「あと5分！」というように制限時間を知らせるようにすると、生徒は時間を意識して必死に取り組みます。見つけた本を夢中になって読んでいる生徒には「後で借りて読んでごらん」とアドバイスし、様々な分類の本を手にするように促しましょう。

　本探し終了後、「全種類完全制覇」達成の生徒は得意満面です。「あとちょっとだったのに」と悔しそうな生徒もいます。全員分のワークシートを集め、それにキャラクターなどが入った印を押したりすると中学生でもうれしいようです。点検した後は各自のノートに貼るように促し、見つけられなかったところは「再チャレンジして提出し、印をもらうように」と言うと、休み時間に本を探す姿も見られます。

　授業後、生徒からは「図書館の本が内容ごとに分けられていることがわかった」「自分が興味をもっていたこと以外の分野でも読んでみたい本が見つかった」という感想が聞かれました。中学生は忙しく、図書館の資料をじっくり見て回るような時間をもつことはむずかしいものです。入学の初期に図書館の基本を学ぶことは、「学び方を学ぶ」第一歩であり、読書活動のきっかけともなるのです。

＊Ｐ37～40のしおりの印刷のしかた＊
　上記ページのしおりの右上には、しおり用のページがついています。
しおりＰ２とＰ３はそのままＢ４（もしくはＡ３）サイズに印刷し、その裏側にＰ４が左側、Ｐ１が右側として、印刷します。できあがったＰ４・Ｐ１面を山折りにすると、左開きのしおりができあがります（CD-romにあるものはそのまま印刷できます。）
　また、○○年度など、○印があるところには、各校に合った数字や文字を入れましょう。
しおりのＰ１には各学校の図書館内配置図を入れるとよいでしょう。

3（1）①の資料 しおり P1

オリエンテーションで配布する「学校図書館のしおり」例

☆学校図書館ＡＢＣ【　　　年度版】☆
♪○○中学校図書館　利用のしおり♪

１．学校の図書館ってなに？

　ひと口に「図書館」と言っても、いろいろな種類がありますが、その一つに「学校図書館」があります。「公共図書館」と違うところは、「学校での学習や、学校内のいろいろな活動に役立つこと」をその重要な使命にしているところです。つまり、学校図書館というものは、学校の中の「読書センター」「学習センター」「情報センター」というところなのです。ですから、ただ単に本を読む、借りるというだけでなく、自分で調べたり学習したりするためにも、大いに図書館を利用してください。興味のあることを心ゆくまで調べるのは、とても楽しいものです。調べたいことがあるとき、調べる課題が出たとき、まず図書館を活用してみましょう。図書館はいつもあなたの心強い味方になるところです。

２．○○中学校の図書館は？（○○○○年４月現在）

　閲覧室（読んだり調べたりするところ）の広さは約○教室分。図書は○○○○冊。他にファイル資料（パンフレットやリーフレットや切り抜きなど）も収集しています。また、館内のコンピュータは、インターネットや新聞社の記事のデータベースが検索できるようになっています。

　閲覧机には、国語辞典が置いてあるのでいつでも調べられます。館内には図書館の司書教諭や学校司書、図書委員がいて、利用に関する相談に応じたり、借り出し・返却の手続きをしてくれたりします。

〈○○中学校　図書館の地図〉

しおりＰ２

３．NDC ってなんだろう？

　図書館にあるたくさんの本。それを分類し，整理する方法をNDC（日本十進分類法）といい、日本中どこの図書館へ行ってもほぼ通用します。図書の「背」に貼ってあるラベル（「請求記号」または「所在番号」）の３けたの数字がそれで、「分類記号」と呼ばれています。

> 000番台…「総記」（下のどれにも入らないもの。またはどれにも当てはまるもの）
> 100番台…「哲学・宗教」（人生、生き方についてなど）
> 200番台…「地理・歴史」（１・２年生の社会科向き。伝記もここ）
> 300番台…「社会科学」（３年生の社会科関連。進路や世の中の話なども）
> 400番台…「自然科学」（数学、理科、保健体育科関係）
> 500番台…「工業・工学」（技術・家庭科関係）
> 600番台…「産業」（いろいろな産業について。園芸、ペットなども入る）
> 700番台…「芸術」（美術・音楽・体育・遊び・レクリエーションなども入る）
> 800番台…「語学・言語」（ことばに関するもの。英語科関係も）
> 900番台…「文学」（詩・短歌・俳句・小説・随筆・紀行・日記など。外国のものも）

ラベルはこうなっている！

913	←分類記号 ・・・・・・ ９＝文学、１＝日本、３＝小説を示す。
ア	←著者記号 ・・・・・・ 著者などの頭文字で、アイウエオ順に並んでいます。
1	←巻冊記号 ・・・・・・ １巻、２巻、という場合なので、ないものも多い。

※９１３は「キューイチサン」とバラバラに読みます。記号なのでそれぞれの数字は独立しています。

※このラベルの他に、赤くて丸いラベルの「禁帯出」（館外持ち出し禁止。借りられません）や、緑色の「参考図書」（参考図書コーナーの本）、白くて中に「郷」と書いてある「郷土資料」（郷土資料コーナーの本）などがあります。

　このNDCに沿って、本は「上から下へ」「左から右へ」を原則として並んでいます。ただし大型本など書架に入らないときは別の場所に置いてあることもあります。NDCとは別に、コーナーを独立させる場合もあります。

※特別コーナーのいろいろ

●参考図書コーナー ・・・・・・ 事典・辞典・年鑑・地図・統計資料・白書など。

●郷土資料コーナー ・・・・・・ ○○県・△△市、××区など、郷土に関係する資料。

●マンガ・日本の古典・文庫本・絵本などのコーナーもあります。

しおり P3

４．学校図書館の上手な使い方

（１）閲覧の時間

・閲覧の時間は、昼休みと放課後、授業中が中心です。

・行事などの関係で、閉館する場合もあります。その場合はお知らせします。館内で使った本などは、必ずもとの場所にもどしましょう。館外に持ち出すときは、手続きを必ずします。

（２）貸し出し・返却の手続き

①通常貸し出し

・借りたい本をカウンターに持って行き、学年・組・氏名を告げて、カウンターの人に手続きをしてもらいます。○週間に○冊まで借りることができます。

・「禁帯出」などのラベルが貼ってある本や参考図書は借りることができません。

②返却

・借りてから○週間後までに返却する本を持ってカウンターの人に渡します。

・閉館時も返却はできます。入口の返却ボックスに入れてください。

・同じ本を延長して借りたい場合、予約者がいなければ○週間のばせます。
　カウンターに本を持って行き、「延長したい」と伝えてください。

（３）特殊な貸し出しについて

①特別貸し出し

・「禁帯出」（赤いラベル）や「参考図書」（緑ラベル）の本でも学習に活用する場合などは貸し出しすることができます。必ず司書教諭か学校司書にその理由を申し出てください。また、本は指示された期間内に必ず返却してください。

②長期貸し出し

・夏冬の長期休業中には、通常より多く借りることができます。冊数は、その都度連絡します。

（４）予約やリクエストについて

・借りたい本がほかの人に借りられているときは、「予約」ができます。カウンターに置いてある「予約申込用紙」に書き、カウンターに出してください。その本が図書館に返却された後に連絡します。

・借りたい・使いたい本をリクエストできます。「リクエスト用紙」に書き、カウンターに出してください。図書館で購入するかどうかを検討して、購入した場合は一番に借りることができます。

しおりP4

（5）図書館を気持ちよく利用するために
・貸出期限は必ず守りましょう。もちろん返却日より早く返してもよいです。
・自分ひとりだけの図書館ではありません。皆で気持ちよく利用できるように、本など
　の資料を大切に扱いましょう。
・館内では他の利用者に迷惑をかけないようにしましょう。
・本は手前まで出して揃えてあるので、棚の奥に押しつけないでください。

▼調べものをするときは？
　　何か調べたいこと、知りたいことがあるときに、調べるための本や資料のコーナー
　がありますので、まずこれらを活用しましょう。本や資料が見つからないときは、
　司書教諭や学校司書に相談しましょう。このことを「レファレンス」といいます。

●「百科事典」は、まず調べたい事柄を「索引」の巻で引きましょう。すると、何巻
　の何ページに載っているということがわかるだけではなく、それに関連したことも
　わかるので、さらに深く広く調べる手がかりになります。その他の辞典・事典や図
　鑑でも、初めの「目次」や最後の方の「索引」を上手に使って引きましょう。

●調べる本はなるべく新しいものを使いましょう。最後のページにある「奥付」の部
　分を見ると、何年に発行されたかがわかります（古いものを使うとデータや内容が
　違っていることがあります）。

●調べるときには、1冊だけでなく複数の資料を使いましょう。1冊では内容が違っ
　ていても比べられません。情報は比較して使いましょう。

●すぐにインターネットに頼るのは危険です。出所をしっかり確認して、信用できる
　情報を活用しましょう。

●自分で調べたことをまとめるときは、資料の丸写しや使った資料を明示しないのは
　だめです。コピペも著作権法違反です。マナーを守ってまとめましょう。

※この「しおり」は大切なものです。自分で保管し、利用の際に役立ててください。

～マナーを守って、有意義な利用を！～

年　　組	番	氏名

3（1）①のワークシート

「図書館クイズ」

1年生の参考例です。学年が上がるにつれて、難易度を高くしましょう。

図書館クイズ（1年生用）

年　　組　　氏名（　　　　　　　　　　）

1、こんなとき、どこの書架（本棚）へ？

①社会科で「世界のいろいろな国について調べてレポートを書きなさい」という課題が出た。使いたい本や資料はどこに？
　→参考図書コーナーやNDC（　　　　　　　）番の書架に。

②バスケット部に入った。ルールについて解説してある本を読みたい。
　→参考図書コーナーやNDC（　　　　　　　）番の書架へ。

③将来の進路についてどんな職業があるのか、どうしたらなれるのか調べたい。
　→参考図書コーナーやNDC（　　　　　　　）番の書架へ。

④学校祭のテーマを考えるのに「仲間」という言葉を英語にしてみたい。
　→（　　　　　　　　　）コーナーの（　　　　　　　）辞典を引く。

⑤学校祭で自分の学級は演劇をすることになった。その台本を探したい。
　→NDC（　　　　　　　）番の書架へ。

⑥学年集会でゲームを企画することになった。いろんなゲームが載っている本はないか探したい。
　→NDC（　　　　　　　）番の書架へ。

2、次の題名の本はNDC何番の書架（棚）にあるかな？

①『おりがみ遊面体』→（　　　　　）番

②『たまごサラダ　こんがりパン』→（　　　　　）番

③『ぼくはへそまがり』（「のびのび人生論」シリーズのうちの1冊）→（　　　　　）番

④『ダイエットってなんだろう？』→（　　　　　）番

※（　　　　　）の中には000、100、200……900と書きましょう。

自分で考えてどのくらいできましたか？自力で7つできたらあなたはもう図書館の「通」です！

3（1）①のワークシート

DVD 視聴メモ

1年生の参考例です。学年が上がるにつれて、難易度を高くしましょう。

『ズッコケ三人組の図書館で調べよう』 視聴メモ

月　日　　年　組　番　氏名（　　　　　　　　）

　ズッコケトリオのクラスで、世界遺産について学んでいるうちに、班ごとにテーマを決めて調べることになりました。3人が選んだのは青森県の白神山地。はたして…

☆メモを取りながら、DVD を視聴しましょう。

▼メモらん

●調べるテーマは簡単に「白神山地」にすぐに決めてしまってはダメ。テーマを決めるときにはできるだけ（　　　　　）的にしぼりこもう！

→まず、「白神山地」について、パンフレットや（　　　　）事典を見る。その説明の中のよくわからない言葉やものごと・疑問などをたくさんあげてみて、さらに分担して調べる中から、自分たちが調べるべき本当のテーマをつくりましょう。

→こういうときなんといっても役に立つのは（　　　　）事典！
（　　　　）別のものと（　　　　）別のものがある！どちらも（　　　　）を引くと、さらに関連する項目がわかります。

※本の他にどんなもので調べられますか？

　この事典を使うときは、発行年に気をつけて！これは（　　　　　）を見ると書いてあります。はじめの方の注意事項（「　　　　」といいます）も読んでから使いましょう。この事典の他にも、調べるための本はいろいろあります。

●ものを調べるには、一番（　　　　）い資料にあたろう！

●たくさん資料を集めたら・・・（　　　　　　　　　）をつくるとよい。

→新しいこと、「今」のことを調べるには・・・？

・新聞の（　　　　　）版や、新聞社のデータベースを利用するとよい。

・図書館にもある（　　　　　　　　　）を使ってもよいけれど、必ず出所（でどころ）の確かなものを使おう。

●まとめ方や発表のしかたを（　　　　）してみよう。

→人がまとめた本などには（　　　　）がある。

マナー①（　　　　　　　）はダメ。必要なことをまとめること。図や表も。
　　　　　まとめるには（　　　　　　　）が便利。

マナー②（　　　　）するときには「出典」といって、その資料の名前や人、出版社や発行年などを書くこと（『○○○○』△△社　××××年）というように）。

3（1）②のワークシート

「宝の山」からお気に入りを探そう！

学習日　　月　　日（　　）　組　　番　氏名（　　　　　　　　　）

　図書館には様々な内容の本が揃っていて、いわば「宝の山」です。その中から、自分のお気に入りの本を探してみましょう。NDC の「10 種目完全制覇」が目標です。

NDC	書　名 『　　　』をつける。	発行所 発行年	請求 ラベル	「お気に入り」の理由 （簡単でいいですよ！）
000 （総記）			------ ------	
100 （哲学・宗教）			------ ------	
200 （歴史・地理）			------ ------	
300 （社会 科学）			------ ------	
400 （自然 科学）			------ ------	
500 （工業 工学）			------ ------	
600 （産業）			------ ------	
700 （芸術）			------ ------	
800 （言語）			------ ------	
900 （文学）			------ ------	

(2) 参考図書を活用する

　調べる学習を実施するには学習に対応する資料が重要ですが、活用の経験が乏しいとせっかくの資料を活かしきれないことが多いものです。ここでは、クイズ形式で資料や参考図書を活用することに慣れるための授業を紹介します。

①参考図書コーナーを設置する

　公共図書館に行くと「参考図書コーナー」や「参考図書室」（「レファレンスコーナー」ともいう）があります。ここは百科事典や辞典類、図鑑や統計資料など、「調べるための本」が集まっているところです。学校図書館もこのコーナーを備えていることが多いですが、中学校の図書館にはないところもあります。しかし、調べる学習を進める上で、やはりこのコーナーは欲しいものです。

　そこで、百科事典や辞典類や図鑑、統計資料などを各種集めてコーナーをつくりましょう。探しやすいようにその中を NDC にしたがって配架します。ここでは具体的な書名などをあげませんが、最低ラインとして、目次と索引が整っている本を揃えましょう（p.96 のリストを参照）。

　今すぐに参考図書コーナーをつくるのは無理があるとか、時間がかかるという場合は、書架に入っている「参考図書」に特定のシールを貼り、生徒には「このシールがある本は参考図書といって、調べるときに最初に使うとよい本です」と紹介しましょう。

②参考図書の活用法を指導する

　参考図書コーナーの存在や、NDC に基づく配列などについては前述したように指導してあるので、まずその復習をします。その後、次のような点を指導します。

> （ア）百科事典・専門事典は索引から引く。
> （イ）年鑑や統計は調べたい年より1～2年以上後の表示のものを使う。
> （ウ）年鑑、図鑑、統計資料も必ず目次や索引を使う。

　50音順の百科事典で調べる場合、そのキーワードで調べても答えが見つからず、索引を引かないと解決できない場合があります。また、調べたい年ではなく、1～2年後の資料でないとデータが記載されていません。そういった基本的な指導をしっかり行いましょう。

③参考図書を活用するために

　楽しみながら参考図書を活用する授業として、クイズにチャレンジする方法があります。まず、ジャンルの違う様々な参考図書を使って解くクイズをつくります（p.46）。このクイズは、参考図書コーナーの本だけを使うようにさせます。問題づくりはいろいろな分野の参考図書を活用できるように、また、なるべく興味深いものになるよう工夫します。生徒が「何、これ？」と思ったり、調べた結果「へえ－！」と驚くような問題にすることで、学習の意欲につながります。

　クイズは31問作成しますが、何の指示もしないでクイズを渡すと、生徒は1番の問題から順に取り組んでしまうでしょう。すると、同じ参考図書に集中してしまいます。そこで、「誕生日と同じ番号の問題から解いてみよう」というと、生徒は何となく運命を感じるらしく、「え～、あたしの恐竜だぁ！」などと言いながら取り組めるようです。

　このクイズは、参考図書の題名に関わりがあるところをヒントとして太字にしてあります。ただし、百科事典や辞典類を使う場合は太字になっていません。生徒は、問題に関係のありそうなNDCを推測し、太字も参考にしながら必要な参考図書を探り当てます。それでもむずかしい場合もあるので、一人ひとりへの支援は欠かせません。司書教諭や学校司書など複数の教職員で対応ができればベストです。授業時間も2時間くらいあるとよいでしょう。

〈1〉授業の具体的な手立て

（ア）「全問制覇！」を目指すようにさせる。　　　　　（イ）途中で時間経過を知らせる。

（ウ）途中や時間の終わりに、何問できたかを聞く。（エ）指導者は解答を出さない。

（オ）授業後も取り組むよう促す。

〈2〉指導のコツや工夫

（ア）スピードばかり競わせると答えが雑になる場合もあるので、巡視して指導する。

（イ）「答えはないのか」「まとめはどうするのか」と聞かれることもあるが、指導者は解答を出さない。指導者が使った参考図書はあるが、それが絶対であるということではない。他の参考図書では内容や取り上げ方、詳しさの度合いなどが違う。また、指導者と違う図書を使うと、解決できない場合もある。同じクイズでも違う図書で調べた結果を発表させることで、情報源はたったひとつではないことに生徒は気づく。だからこそ、「複数の資料に当たるべきである」とアドバイスする。こうして、複数の資料の比較や検討、選択の指導につなげることができる。

（ウ）授業後、「終わっていない人は31問全部のクイズを制覇しましょう。期限は2学期以内です」などと言うと、毎日昼休みや放課後などに1～2問ずつ仕上げ、粘り強く全問制覇を達成する生徒もいる。「わかった！」「見つけた！」「解けた！」という気持ちを感じることが、楽しさの源になるのかもしれない。

3-（2）③のワークシート

参考図書を使おう　クイズにチャレンジ！

年　　組　　番　氏名

☆「参考図書コーナー」の本を使って、次のクイズにチャレンジしよう！
☆自分の誕生日と同じ番号のクイズから取り組もう。その後はどれからでもOK！

1．もう日本語になっている**カタカナ語**の言葉。「テレビタレント、テレビジョン、テレビカメラ、テレビモニター」の中で、日本でできた「和製英語」はどれ？あるだけ選ぼう。

2．「ラーメン」は英語では何という？スペルをきちんと書いてね。
（日本語→英語の辞典を使う。）

3．**2010年**の北海道と東京の、人口と人口密度は？比べてみよう！

4．ナメクジは塩をかけるととけるって本当？うそ？その理由は？

5．「素直」の**反対語**を4つ書きなさい。

6．**2014～2015年**ころで、野菜の収穫量で北海道が1位のものを3つ以上あげ，その収穫量も書きなさい。

7．「スイコ」（漢字ではありません）って何のこと？その行動の特徴は？

8．インドの**お金**は何という単位？そのお札に載っている人は何という人でどんな人？

9．世界初のインスタント食品は、だれが何をいつ、なんのために**発明**したの？

10．口内炎はどういう**栄養**が不足するとかかるのか。どういう食べ物を食べるといいのか？いくつかあげよ。

11．**2010年**の10月6日、どんなことがおこった（あった）か？書きなさい。

12．日本の**古語**で、「なほなほし」の意味は？

13．住む所で大切なトイレ。世界最古のトイレはいつどんなところで発見された？

14．「マヨネーズ」という語はどこからきた**外来語**？スペルも書こう。
（日本語を調べる辞典を使おう！）

15．天然甘味料には、発ガン性（ガンになる可能性）の疑いのあるものが2つもあった！何と何？

16．ダンゴムシを**飼育**したい。ケースはどのくらいの大きさで、どういうところに置けばいいか。注意点は？

17．「ハンカチのうえのはなばたけ」という童話集を書いた人はだれで、何年に出した？

18. 「魑」という漢字の読み方と意味は？

19. 1年は366日。ちゃんと誕生花も決まっている。今日の誕生花とその花言葉は？

20. 「アメフラシ」のたまごはなんと呼ばれているか。どんなかたちをしている？

21. 『ウルトラマンガイア』などの「平成シリーズ」は何年から放映された？

22. **「アイヌ神謡集」**という本のはじめにアイヌ語で「シロカニペ　ランラン」とあった。
シロカニは銀のこと。「ペ」は「水・水滴」のこと。では「ラン」とは何？

23. 「ヨーキンヨーキンケケケケク」と鳴く昆虫（せみ）は何？

24. **2010年の日本のすがた**を知りたい。日本からの自動車輸出相手国の第2位はど
この国？

25. 「全くあの子はバイトばかりして大学の勉強がおざなりになっているんですよ！」
と母が怒っていたが、**言葉の意味を勘違い**しているようだ。正しくは？

26. 広島出身のじいちゃんが、「このしおからご！」と**罵詈雑言**を放っていた。どうい
う意味？

27. ストルティオミムスという**恐竜**は、全長何mで、何と同じくらい速く走れたか？

28. **いろはカルタ**の「と」にある「豆腐にかすがい」という言葉の意味を2つ書きなさい。

29. 渋柿を食べるとなぜ渋い味がすると感じるのか。調べなさい。

30. **手話**で「大切」というのを表すときにはどういう動作をすればいい？

31. 英語の「ladybug」と「cockroach」はどういう仲間？
（英語→日本語の辞典で。）

〈解決のためのヒント〉
*どの参考図書を使うかは、太字を参考に。それが書名に
　出ている辞典・事典や図鑑などがある。
*年が書いてあるのは、調べたい年＋1年以降の本を使う
　とよい。
*上記以外は『ポプラディア』などの百科事典や辞典を活用。
　目次や索引を使うこと。

めざせ！全問制覇！！

3（2）③のワークシート回答用紙

参考図書で… クイズにチャレンジ！ 回答用紙

年　　組　　番　氏名（　　　　　　　　　　　）

番号	問題 （簡単に書く）	調べた内容	参考資料 （発行所・発行年）
例	「目引き袖引き」って？	声に出して言わずに、目くばせしたりそでを引いたりして、そっと知らせ合うこと	『角川国語辞典』 （角川書店　1975）

番号	問題 (簡単に書く)	調べた内容	参考資料 (発行所・発行年)

※「参考図書」のらんは、正しく書こう。『　』(二重かぎかっこ)で書名を書き、(　)の中にはきちんと発行所(出版した会社)と発行年を書くこと！！

1年　　組　　番　氏名（　　　　　　　　　　　）

（3）切り抜き資料をつくる

　新聞は重要な情報源であり、学習指導要領にもその指導が大きく取り上げられています。1年生の時から新聞を切り抜いてスクラップする資料のつくり方を指導しましょう。

①新聞の見方を指導する

　まず、新聞の見方を指導します。家庭にある新聞や職員室で溜めておいた新聞を用意し、生徒がそれぞれ1部ずつ手にすることができるようにします。国語科の教科書に記載されている説明に合わせて、見出しやリード文、キャプション、コラム記事、社説など探させます。また、社会面、政治面、経済面、生活面などのページも探させます。なかなか見つけられない生徒もいますが、グループなどで互いに教え合うようにすると全員がわかるようになるでしょう。

②切り抜き資料のつくり方を指導する

　新聞の見方を理解させたら、切り抜き資料のつくり方を次のように指導します。

> （ア）気になった記事や自分が興味のある記事、とっておきたい記事などを探す。
> （イ）探した記事を切り抜く。
> （ウ）切り抜いた記事をしっかり台紙に貼る。
> （エ）記事の新聞名、いつの新聞か（年月日）、朝刊か夕刊かを記載する。

　台紙1枚には1つの記事を貼ります。どこからどこまでが切り抜こうとしている記事なのかよく読んで確認させます。最初は赤鉛筆などで囲ませるのもよいでしょう。切り抜く前に新聞名と年月日を記事の片隅にメモさせておくと、後で記事の発行日や新聞社がわからないということはなくなります。

　全員の切り抜き資料を集めて「切り抜き資料集」をつくり、学級で閲覧できるようにするとよいでしょう。「まわし読み新聞」的な面白さもあり、楽しいようです。普通は切り抜き資料の感想は書くことがありませんが、この学習では記事の感想を書かせたり、記事を選んだ理由を書かせたりすると生徒の交流が盛んになります。

　好きな記事で切り抜き資料を作成した後は、教科の学習内容に沿ったテーマなどで作成すると、その学習にも活用できます。また、行事や学習のテーマ展示などに合わせた資料を図書委員会で作成するのも、効果的な委員会活動となることでしょう。

　切り抜き資料は、「ファイル資料」「情報ファイル」などの名称で知られています。新聞だけではなく、様々な情報をファイル化できることを伝えましょう。

3（3）②のワークシート

新聞でファイル資料をつくろう！

年　　組　　番　氏名（　　　　　　　　　　　　　）

･･･

皆さんは毎日、新聞を読んでいますか？
日々の学習の中では使っていますか？
新聞は大切なひとつの情報源です。あなたの気になる記事を
「ファイル資料」※として活用してみましょう。

> ### ※「ファイル資料」とは？
> 　パンフレットやリーフレット（1枚もののチラシ）、新聞や雑誌などからの切り抜きなど、そのままではぺらぺらして扱いづらいものをファイリングした資料を「ファイル資料」といいます。新しい情報であること、手軽に見られることなど、図書館などで調べ物をするときの大切な資料となります。
> 　ただし、インターネットと同じように、1つの事柄についてもいろいろな見方があるので、それひとつだけを信じ込まないように気をつけましょう。

自分のクラスの切り抜きファイル集をつくろう！

①各自、持ってきた新聞を机の真ん中に出そう。

②いろいろな新聞をどんどん読んでみよう。

③その中から気に入った記事や自分の興味のある記事、とっておいて利用したい記事などを探して切り抜こう。

　〈注意！どこからどこまでがその記事なのかよく読んで切り抜くこと〉

④切り抜いた記事を台紙に貼ろう。

　切り抜いた記事の上には、その「新聞名、何年・何月・何日の、朝刊か夕刊か？」を書きます。台紙より大きい記事の場合は、貼ってからその部分を折りたたみます。

　〈注意！台紙1枚に記事ひとつが原則〉

　こうしてできたものを「新聞切り抜き」とか「スクラップ」と呼びます。雑誌やパンフレットなども切り抜いて資料にできます。図書館にもいろいろなテーマの「ファイル資料」がありますから、ぜひ皆さんの学習で利用しましょう。

　また、自分でテーマを決めて好きなものや役立ちそうなものを切り抜き、テーマごとにノートなどに貼っておくと、私的なファイル資料ができます。

ファイル資料台紙

( ) 新聞	分類
年 月 日 ( ) ( ) 刊	

年 組 番 氏名 ( )

（4）情報を比較する

　調べる学習をするとき、生徒は見つけた情報だけを鵜呑みにして、それでわかったと思い込んでしまうことがあります。情報（源）を比較したり、吟味したりする必要性を指導しましょう。

①発行社が違う新聞を比べる

　同日の時間であっても、新聞社によって書きぶりや情報が異なります。そのため新聞は情報を比較するには扱いやすい情報源です。次のような手順で、発行社が違うと新聞のどこが違うかを発見させましょう。

〈手順〉
（ア）４～５人の班をつくり、その机上に同じ日の朝刊４紙を１部ずつ置く。地方紙１紙と一般紙３紙くらいがよい。生徒にはその中から各自１紙を手に取らせる。
（イ）トップニュース、コラム、社説欄などがどこにあるか確認させる。
（ウ）ワークシート（p.55）を配り、同じ日の新聞の似ている点、違う点を見つけるようにさせる。
（エ）それぞれ新聞を班の机上に広げさせ、グループで比べながら、ワークシートに記入させる。
（オ）ワークシートに記入ができたら、その結果や感想を発表させる。

　ワークシートに、項目ごとに「同じ点」や「違う点」を記入させます。１年生の場合、社説やコラムはまだむずかしいこともあるので、内容の読み取りは指導者の支援が必要です。社説は見出しを書くだけでもよいでしょう。
　２、３学年では、生徒の様子を見ながら詳しく比べ読みをさせましょう。また、記事の取り扱い方や発信の姿勢、内容に違いがあることに気づかせ、ひとつの情報だけを信じるのではなく、複数の情報に当たることの大切さを指導します。
　ここで使用する「同じ日の新聞」は、できれば地元の大きなニュースがあった日のものにすると全国紙との違いが出ます。また、暗いニュースよりは明るいニュースのほうが生徒の意欲は高まるでしょう。

②発行地が違う新聞を比べる

　同じ全国紙の新聞社でも発行場所が違う場合はどうでしょうか。比べてみると、記事だけでなく写真の扱いが違っていたり、割りつけも違っていたりします。

準備するものは全国紙で地元発行のものと東京で発行のもの。それを①と同じような手順で比べていきます。①とは違って広告の数や特別なコラムの有無なども大きな話題となることでしょう。

　比べ読みをすると、生徒は意外な違いを見つけます。ただ、テレビ欄は「チャンネルの数が違う！」といいますが、それは新聞による違いではなく発行地の違いであることを伝えましょう。

③新聞以外の情報源と新聞を比べる

　学校図書館内の情報源は図書と新聞だけではありません。その他の情報源とも比べてみましょう。その時も話題の選び方が生徒たちの意欲を左右します。生徒が興味を持ちそうな話題を選んで、それについてインターネットや新聞、雑誌など様々なメディアからの情報を集めて比べさせましょう。それぞれのメディアの特性やそれによる情報の伝え方の違い（情報伝達の速さ、詳しさ、正確さ、取り上げ方の観点など）を理解することができます。

　課題を追究するためには、様々な情報源から情報を集めた上で、自分にとって必要かつ有効な情報を生徒自身が取捨選択できるようにさせるための指導です。

④複数の図書で情報を比べる

　図書だけでも、同一のことについての情報を比べてみると、違いがあることがわかります。特に鮮度が重要な情報の場合、古い情報と新しい情報を比べさせると効果的です。例えば、グループごとに異なるデータ集を割り当て、特定の地域の人口などを比べさせます。グループによって数値などが違うことで、生徒は資料の鮮度の違いに気づきます。その結果、その後は奥付の内容にも気をつけるようになります。

　①〜④のように、その情報は正確なのか、新しいものなのか、一方的な偏りや誤りがないのかと「疑いつつ活用する」態度を育てることは重要です。一応は疑ってみて、他の資料で確認をするという態度を養うのです。これはさらに様々な学習の際にその都度意識して指導していくことが大切です。

3（4）①のワークシート

発行社の違う同日の新聞を比べてみよう

学習日　　月　　日（　　）　組　　番　氏名（　　　　　　　　　　　）

同じ日の新聞4紙で扱われている情報を比べ、違う点や同じ点についてまとめましょう。

	何ページまである？	トップニュースは何のこと？	コラム ①名前 ②内容	社説 ①掲載ページ ②内容	4コママンガの題名は？	その他　気づいたこと何でも。
新聞	ページ		① ②	① ②		
新聞	ページ		① ②	① ②		
新聞	ページ		① ②	① ②		
新聞	ページ		① ②	① ②		

4紙を比べての感想を書いてみましょう。

3（4）②のワークシート

地域の違う新聞を比べてみよう

学習日　　月　　日（　）　組　　番　氏名（　　　　　　　　）

同じ新聞社の同じ日の新聞で、発行している地域の違う新聞を比べてみましょう。

〈比べる視点〉

・一面のトップ記事は？　その扱い方や書き方は？　大きさや見出しにも注意！

・ページ数は？　テレビ欄は？　広告は？　各紙面（ページ）やその内容は？

比べる記事など	（　　　　　　　　　　）版	（　　　　　　　　　　）版
トップ記事		
ページ数		
テレビ欄		
広告		
同じ点		

比べてみた感想を書いてみましょう。

3（4）③のワークシート

情報を比べてみよう①

学習日　　月　　日（　　）　組　　番　氏名（　　　　　　　　　　　　）

ひとつの話題について、新聞や雑誌など様々なメディアでの情報の取り扱い方や内容を比べてみましょう。

話題 [　　　　　　　　　　　　　　　　　　　　　　　　　]

情報源	『　　　　新聞』		
いつ発行？			
総ページ数			
言葉のわかりやすさ			
写真の量や大きさ			
その他書き方・扱い方など			

比べてみた感想（内容の「違い」・伝え方の「違い」についてどう思いましたか？）

３（４）④のワークシート

情報を比べてみよう②

学習日　　月　　日（　　）　組　　番　氏名（　　　　　　　　　　　）

自分の住んでいる市区町村 [　　　　　　　　　　　　　　　] について人口や面積を調べましょう。

各グループの発表を次の表に書き込みましょう。

	人口	面積	『資料名』（発行所、発行年）
1			
2			
3			
4			
5			
6			
7			

「同じ市区町村」についてなのに、どうして違うか、考えましょう。

(5) レポートをつくる

①基本的なレポートの形式を指導する

　レポートは、「テーマ、動機、方法、内容、考察、参考資料」が必要ですが、なかなかこの要素が揃っていないレポートが多いようです。特に「参考資料」の欄がないものが目につきます。それでは著作権の指導もできません。

　そこで、基本的なレポートの形式とはどういうものか、どういうことに注意するのかを学ばせるための指導が必要になるのです。その手順は次の通りです。

> （ア）ワークシート（p.61）を配り、簡単なテーマ※を設定させる。レポートを書く練習なので、テーマは興味のあることなら何でもよいが、なるべく具体的なものにさせるとよい。テーマは疑問文で書かせると、調べることの焦点が定まりやすい。

※テーマ例

- 河童とはどういう妖怪か？
- 日本野球の歴史は？
- アルファベットはどうやってできたの？
- 日本のお札（貨幣）の歴史は？
- ピアノってどんな楽器？
- ハンガリーの民族衣装はどういうものか？
- 肺結核とはどんな病気か？
- 「ツバル」ってどんな国？
- 裁判にはどんな種類がある？
- ピカソってどんな人だったか？
- 「一休さん」ってどんな人だった？
- ベートーベンはどんな人だったか？
- そうめんはどうやってつくるのか？
- 「火星人」は昔どんな人たちだと思われていたか？
- プラスチックは、どうやってつくられるの？
- カレーライスはいつからどのように日本に広まったか？
- タバコは体にどんな影響を与えるか？

- ミミズはどんな生き物か？
- 宮澤賢治ってどんな人？
- 「有珠山」とはどんな山か？
- わすれな草ってどんな花？
- 魔法とは何か？
- おまんじゅうの歴史は？
- カナヅチとはどういう道具か？
- 猫にはどんな種類があるの？
- エジソンの人生は？
- 「お地蔵様」とはどんな仏様か？
- ゴリラはどんな動物か？

59

（イ）決定したテーマについて、カードや参考資料リストをつくる。調べたいことについて引用したり要約したりしたカードを数枚はつくり、参考にした資料（図書だけとは限らない）をリストにまとめる。また、同じテーマについて違う資料から調べた複数のカードをつくらせ、比較するようにさせる。

（ウ）カード作成見本を図書館の机上に置き、いつでも見られるようにする。ファイルに入れるのもよい。

（エ）参考資料リスト（p.63）に記入のしかたを例示しておく。図書や雑誌、新聞、ファイル資料、インターネットなどの資料ごとにしておくとよい。

②カードをもとに下書きを作成する

作成したカードをもとに、用紙に下書きをさせます。その際の注意点は次の通りです。

・文字の羅列にならないようにさせる。
・どこに何をまとめるか、どこを囲むか、図表や絵はどうするか、色をどう効果的に使うかなど、レイアウトを考えさせる。
・読み手にどうわかりやすく伝えるかを念頭に置かせる。

相手意識は表現するときに大変重要です。そこをしっかり指導すれば、ただ書き写すだけのレポートにはならないでしょう。

③ペンで清書する

文字に気を配ったり、絵や図表を入れたりしながら、見やすく読みやすく、わかりやすいように仕上げさせます。

④発展、応用する

基本的なレポート作成の指導の後は、様々な教科や領域でレポートをつくらせることができます。コンピュータによるまとめやプレゼンテーションをする場合もこれが基本になります。司書教諭を中心にして、全校での取り組みを広める工夫をしましょう。

3（5）（ア）のワークシート

ミニレポートをつくろう！

学習日　　月　　日（　）　組　　番　氏名（　　　　　　　　　　　　）

第1時　　　　レポート作成練習のテーマを決める。（テーマ例を参考に）
第2〜4時　テーマに沿って調べる。参考資料リストを作る。
第5〜6時　ミニレポートに下書きし、清書する。
第7時　　　　読み合う（自分で評価またはお互いに評価）

〈レポートの書き方〉

（レポートの題名） ※人の目を引く題名にする。疑問文で書くとよい。 ※色をつけてレタリングする。 　　　　　　　年　　組　　番　　氏名
（1．はじめに） ※そのテーマにしたきっかけや理由・そのテーマを決めたいきさつなどを文章で書く（2行以上）。
（2．調査の方法） ※「図書館で資料を探した」、「聞き取り調査をした」、「アンケートを実施した」などの方法を書く。今回は「図書館で資料を探し、必要な情報をカードにまとめ、それをもとにこのレポートを作成した。」などと書く。
（3．調べた内容） ※丸写しのままにしない。作成したカードをもとに、再構築する。 ※レイアウトを考えたり、色を付けたり、図や表を使ったり、見やすいように工夫する。 ※読みやすいか？　わかりやすいか？　などと、読む人の立場に立って作ることが大切。
（4．考察） ※単なる感想ではなく、考えたことを文章で書く（3行以上）。
（5．参考資料） ※使った資料のタイトルは全て『　』をつけて書く。 ※発行所と発行年は資料名の後に（　　　）をつけて書く。 ※2種類以上書く。

3（5）②のワークシート

レポートのつくり方練習 〈ミニレポート〉

（レポートの題名）

　　　　　　　　　　　　　　　年　　組　　番　氏名

（1．はじめに）

（2．調査の方法）

（3．調べた内容）

（4．考察）

（5．参考資料）

3（5）①の参考資料リスト

（　　　　　　　　　　　　　　　　　　）用参考資料リスト

学習日　　月　　日（　）　組　　番　氏名（　　　　　　　　　　）

〈図　書〉

分類番号	書　　　名	発行所・発行年	参考ページ・その他
例：030	『ポプラディア　1』	（ポプラ社・2000 年）	P230 アトムについて

〈新聞・雑誌・切り抜き・パンフ・リーフ等〉

タイトル	発行所	発行年月日・号	参考ページ・その他
例：『北海道新聞』	（北海道新聞社）	20 △△ 5.10（月）朝刊	

タイトル	発信元	アドレス	利用した年月日	その他
例：『著作権なるほど質問箱』	（文化庁）	https://pf.bunka.go.jp/chosaku/chosakuken/naruhodo/	20 △△ 5.10（月）	

※インターネットは「出所」のしっかりした信頼できるところのものを使う。
※図書やそれ以外の資料も、なるべく新しいものを使う。
※作成したレポートの最後には、このリストを見て参考資料名を正しく書くこと。

(6) 複数のメディアを活用する

①メディアの特性を知る

(2)の「参考図書を活用する」に関連しますが、様々なメディアの特性を知ることは学習を効率よく進める第一歩となります。メディアには次のようなものが挙げられますが、その特性について考えてみましょう。

〈メディア〉（　）は媒体

図書（紙・電子）　　　新聞（紙・電子）　　　雑誌（紙・電子）
冊子（紙・電子）　　　パンフレット　　　　　リーフレット
広報紙　　写真　　インターネット　　　CD・DVD
VTR　　録音など

※「メディア」とは「情報メディア」のことで、「情報メディア」とは、「人間の情報伝達、コミュニケーションを媒介するもの。情報伝達に関与するものはきわめて多様なため、さまざまに概念規定が可能である。媒介する物体・装置もしくは技術的特性に焦点を合わせる場合や、単に技術ではなく社会的なシステムであることを強調する場合がある。」（『図書館情報学用語辞典　第4版』2013年、丸善発行より引用）と記載されています。そこで、今回は上記に挙げたものをメディアと考えました。

これらのメディアの特性を考えると次のようなことがいえます。

図書＝しっかりチェックされて出版されるので、信憑性は高い。情報の伝達は遅い。

新聞＝チェックされるので信憑性は高い。また、情報が伝わるのも速い。

雑誌＝内容やその雑誌の目的によって信憑性などが異なる。情報が速く伝えられるもの、
　　　詳細に伝えるものなど、内容や目的によって差がある。

インターネット＝情報の伝達が速く、情報量も多い。膨大な情報から的確な情報を得る
　　　　　　　　ために時間がかかることもある。また、信憑性には十分な注意が必要
　　　　　　　　である。

CD・DVD＝映像や音声が伝わるのでわかりやすい。制作会社などできちんとチェック
　　　　　　されたものは信憑性が高いが、そうでないものもあるので制作者などには
　　　　　　注意をする必要がある。

さらに情報として発信されるもの、情報を得られるものとして、具体的に次のようなものが考えられます。

> 百科事典（紙・電子）　　参考図書（紙・電子）　　一般書（紙・電子）
> 雑誌（紙・電子）　　　　冊子（紙・電子）　　　　新聞（紙・電子）
> データベース　　　　　　ウェブサイト　　　　　　映像
> 音声　　　　　　　　　　アンケート　　　　　　　インタビュー
> フィールドワーク（見学・体験・観察・実験など）

②活用するメディアを考える

　さて次のことを知るためには、p.64の①のどのメディアを活用したらよいでしょうか。調べてみると意外なメディアの違いがわかってきます。

〈調べたいことがら〉

　（ア）「水溶液」とは何か。

　（イ）「塩酸」とは何か。

　（ウ）「食塩水」とは何か。

　（エ）食塩水はなぜ電流を通すことができるのか。

　（オ）100 gの水に食塩は何g溶けるか。

　（カ）「質量パーセント濃度」とは何か

　活用した本によって違いはありますが、次のようなことがわかりました。

質問	活用した資料	調べた内容	ページ
ア	百科事典 （総合百科ポプラディア）	「物質を水にとかした液の総称。一般に水にとけた物質が単純な化合物の場合を水溶液といい、せっけん水や血液などは水溶液といわない。」	6巻 29
ア	国語辞典 （例解国語辞典：三省堂）	「ある物質を水にとかした液体。食塩水など。」	591
イ	国語辞典 （例解国語辞典：小学館）	「塩化水素が水にとけたもの。酸性が強く、多くの金属をとかす。よごれを落とすのにも使う。」	129
ウ	百科事典 （総合百科ポプラディア）	「食塩をとかした水溶液。一般には塩化ナトリウム水溶液をさす。無色無臭で透明、中性である。」	5巻 221
エ	百科事典 （総合百科ポプラディア）	「食塩を水にとかすと、塩化物イオンとナトリウムイオンという電気をおびた2種類の原子団に分かれる。」から	5巻 221
オ	ハイベスト教科辞典：学研	「0℃では35.7g、20℃では35.8g、100℃だと39.3gがとける。」	157
カ	ハイベスト教科辞典：学研	「溶質の質量が溶液全体の質量の何％になるかであらわしたもの。」（濃度の計算式もある。）	156

　「食塩水」は百科事典には記載されていましたが、国語辞典にはありませんでした。もちろん出版社によって取り上げているワードは違いますので、全てに共通ではありません。

また、「質量パーセント濃度」といった専門的な用語は、「教科別ハイベスト」のような学習書には詳細に説明されています。このように、似たような用語や課題でも、メディアによってわかることが違いますし、必ず記載されているとは限らないことがわかります。迅速に的確な情報を得るためには、訓練や知識が必要となってきます。

　担当する教科で類似した内容を調べるにはどういうメディアを活用したらよいかを考えて、調べる授業を展開しましょう。

(7) 様々な視点からの手法

　ここでは、調べる学習を進める上で必要な手法を紹介します。調べる学習には様々な手法を使って考えたり、まとめたりすることが求められます。今回は「シックスハット」「クリティカルリーディング」「ピラミッドチャート」の３つを挙げますが、他にもいろいろと手法は紹介されていますので、その学習指導に適したものを選んで実施するとよいでしょう。

①シックスハット
(ア) シックスハットとは
　シックスハットはひとつの思考法です。これは、エドワード・デ・ポノ博士から提唱されたものです。思考の視点を６色に分け、それに合った情報や考えを探し出します。問題を解決したり、情報を分析したりするときなど、様々な事実や考え方に出会うことができる方法です。

(イ) シックスハットの６つの視点

〈白〉	客観的な思考	事実や統計を重視し、データなどを提供する。
〈赤〉	感情的な思考	自分の好みや感情で考えを述べる。明確な根拠などは不要。
〈黒〉	否定的な思考	悪いところや不正確な箇所などを見つけ出し、危険性や欠点を示す。
〈黄〉	肯定的な思考	肯定的、積極的な考え方を示す。主張が違う場合は、認め合えるところがあるか考える。
〈緑〉	創造的な思考	創造性や可能性を重視。物事を前向きに考える。
〈青〉	冷静で組織的な思考	テーマを明確にして、結論を出す役割をする。

(ウ) シックスハットの例

課題：気候変動をくい止めることはできるか

〈白〉　2100 年ごろの世界の平均気温は、1.1 ～ 6.4 度上がると予想されている。

　　　日本は二酸化炭素の排出量が世界第 5 位。

　　　アフリカでは数年間雨が降らなかったので、1700 万人以上が食料不足となった。

〈赤〉　温暖化の原因とされる二酸化炭素の排出量は、中国とアメリカで世界全体の

　　　4 割以上を占めている。日本だけの問題ではない。

〈黒〉　日本でもこれまで経験のなかったような異常気象が多発している。

　　　世界の人口が増え、世界のあちこちで耕す土地や水が足りなくなっている。

　　　砂漠化も進んでいる。

〈黄〉　二酸化炭素を減らす目標を達成するために、エネルギー対策や環境を守るしく

　　　みを援助する事業が行われている。

　　　二酸化炭素の排出量を規制するなどの法律がつくられている。

〈緑〉　1970 年代から環境問題の解決に向け、国際会議が行われ、条約が結ばれている。

　　　二酸化炭素を減らす様々な取り組みを進めている。

〈青〉　様々な問題を考えながら、環境を大切にした生活をしていくことが重要。

　　　私たちにもできる温暖化対策を実践するようにしていく。

　このように 6 つの視点からいえることを探し、ポイントをまとめていくと、課題について
より深く考えることができます。

②クリティカルリーディング

(ア) クリティカルリーディングとは

　クリティカルリーディングは「批判的な読み」のようにいわれますが、書いてあることを批判するのではなく、著者がどのような根拠で、どんな主張をしているかなどを読み取ります。著者が書いていることに、次のような質問をしながら読んでみましょう。

　〈質問〉

　・「どういうこと？」：用語の説明がされているか？

　・「どうしてそういえるの？」：主張を支えるデータなどがあるか？

　・「本当にそうなの？」：データは正しいか？主張を支えることができているか？

　・「これでいいの？」：主張は確かか？勝手な主張ではないか？

　・「言いたいことは何か？」：主張がはっきりしているか？

(イ) クリティカルリーディングの例

　※次のコラムを読んで、質問に答えましょう。

江戸は物売りの呼び声がにぎやかだった。夏、「ひゃっこい、ひゃっこい」は冷や水売り、「たまや、たまや」と来るのはシャボン玉売りだが、川柳に「荷が呼んで歩く虫売り、定斎売り」というのがある。定斎屋は暑気あたりの薬屋で、薬箱の金具がカタカタ鳴るのが呼び声がわり、虫売りは松虫、鈴虫などの鳴き声で客が集まった。その虫売りというのがまるで訳者のような粋な格好をしていたという。市松模様の屋台ともどもだんだんと華美の度を増し、ついには天保の改革で禁止されるはめになった。鳴く虫やホタルを売ったこの虫売り、初夏からお盆までの商売で、江戸の人々はお盆になると供養のため買った虫を放ったそうだ。虫売りといえば、クワガタやカブトムシが幅をきかせる現代である。だが近年は輸入された外国産の種が野外で見つかる例が相次いでいる。無責任な飼い主が放ったりするためで、日本の固有種との交雑種が生まれている恐れもある。オオクワガタは外来種と雑種を作るのが知られている。以前の小紙報道によると、関西ではあごの形などが国産種と違うオオクワガタなどが見つかっている。自然界で交雑を放置すれば、やがて固有種がいなくなる。売買や飼育への規制導入も、すでに大量に飼育されている現状では難しそうだ。専門家は飼い主のモラルを高める教育や啓発、飼育に困った外来種を業者が引き取る仕組みを求めている。外来種を放ってはならない。たとえお盆であってもだ。

（毎日新聞2017年8月11日朝刊「余録」）

〈質問と回答例〉

（ア）「虫売りって、どういうこと？」
　　・江戸時代は「虫売り」がいて、鳴く虫やホタルを売っていた。今はクワガタやカブトムシが売られていることが多い。

（イ）「近年、外国産の種が見つかる例が続いているというが、どうしてそういえるの？」
　　・関西では国産種を違うオオクワガタなどが見つかっている。

（ウ）「やがて固有種がいなくなるというが、本当にそうなの？」
　　・売買や飼育への規制も、すでに大量に飼育されている現状ではむずかしそう。そうなると、交雑種は増える一方だといえる。

（エ）「この主張は確かなの？」
　　・専門家は飼い主のモラルを高める教育や啓発、飼育に困った外来種を業者が引き取る仕組みを求めている。（という現状だ）

（オ）「言いたいことは何？」
　　・外来種を放ってはならない。（固有種がいなくなるという危機を知らせるべきだ）

　このように問いをくり返しながら読むことで、理解をさらに深めることができます。調べる学習には必要な視点ではないかと思います。

③ピラミッドチャート

（ア）ピラミッドチャートとは

　事実や根拠などをもとに自分の意見や主張をまとめるときに便利なチャートです。例に示したように、下の段には事実や根拠などを書き、上の段には意見や主張を書きます。3段のピラミッドチャートで自分の意見や主張が明確になりますが、はじめは2段のピラミッドチャートでもよいでしょう。

（イ）ピラミッドチャートの例①（3段の場合）

〈日本の食料輸入について、どのようにすべきか〉

根拠・日本では小麦は87％、大豆は95％など多くの食料を輸入に頼っている。
　　・食料の輸入がストップすると日本人の半分以上の人々が食料不足になるそうだ。
　　・食べ残しや賞味期限切れの食料が大量に捨てられている。
　　・外国の食料品には日本では禁止されている薬品を使っていることもある。

意見・このままでは、日本人が普通に食べられなくなる恐れがある。
　　・「食の安全」と言うが、本当に安心していて大丈夫か。
　　・大量に捨てられている食べ物を利用する手立てを考えたい。

主張・日本では食べられる物は残したり捨てたりしないで食料をもっと大切にすべきだ。

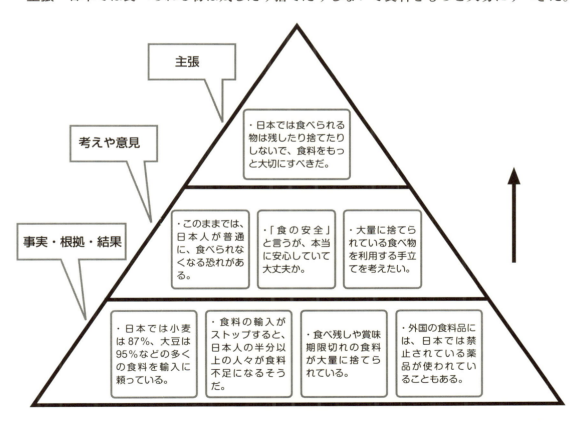

（ウ）ピラミッドチャートの例②（２段の場合）
〈病気を減らすにはどうしたらよいか〉
根拠・外国を旅行した人から病原体が広がることがある。
　　・不健康なものを食べて、運動量が減った人が病気に悩み始めた。
　　・くさったゴミが有害な物質を発生させている。
　　・ゴミに集まった虫や動物が病気を広げている。
主張・ゴミの処理やゴミを減らす工夫が必要だ。
　　・運動や食事に気をつけることが、病気を減らすことにつながる。

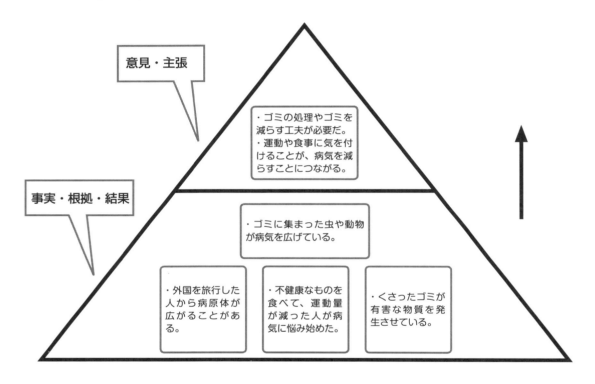

　３つの手法を紹介しましたが、その他に「思考ツール」といわれるものや様々なチャートなどがあります。探究的な学習を進める際に以下が参考になるでしょう。
〈様々なチャートなど〉
　・ウェビング　　　・マッピング　　　・イメージマップ　　・マインドマップ
　・５Ｗ１Ｈマップ　・マンダラート　　・太陽チャート　　　・三点決め
　・ＫＷＬシート　　・Ｘチャート　　　・Ｙチャート　　　　・Ｉチャート
　・ベン図　　　　　・座標軸　　　　　・コア・マトリクス　・マトリックス
　・フィッシュボーン（図）　　　　　　・バタフライチャート
　・歯車（連鎖・時系列シート）　　　　・トゥールミン・モデル　　など

70

3（7）①のワークシート

シックスハット

課題（テーマ）

年　組　番　氏名（　　　　　　）

〈白〉	〈赤〉
〈黒〉	〈黄〉
〈緑〉	〈青〉

※課題（テーマ）について、様々な視点で考えてみよう。

3（7）②のワークシート

クリティカルリーディング

年　　組　番　氏名（　　　　　　　　　　　）

次の質問について考えながら読んでみよう。質問は文に応じて変えることも可能です。

質問	読み取ったこと
どういうこと？ （用語の説明）	
どうして そういえるの？ （主張を支えるデータ）	
本当にそうなの？ （データの立証）	
これでいいの？ （主張の確実性）	
言いたいことは 何か？ （明確な主張）	

3 (7) ③のワークシート

ピラミッドチャート（3段）

年　組　番　氏名（　　　　　　）

主張

意見

事実・根拠・結論

ピラミッドチャート（2段）

年　組　番　氏名（　　　　　　　　　）

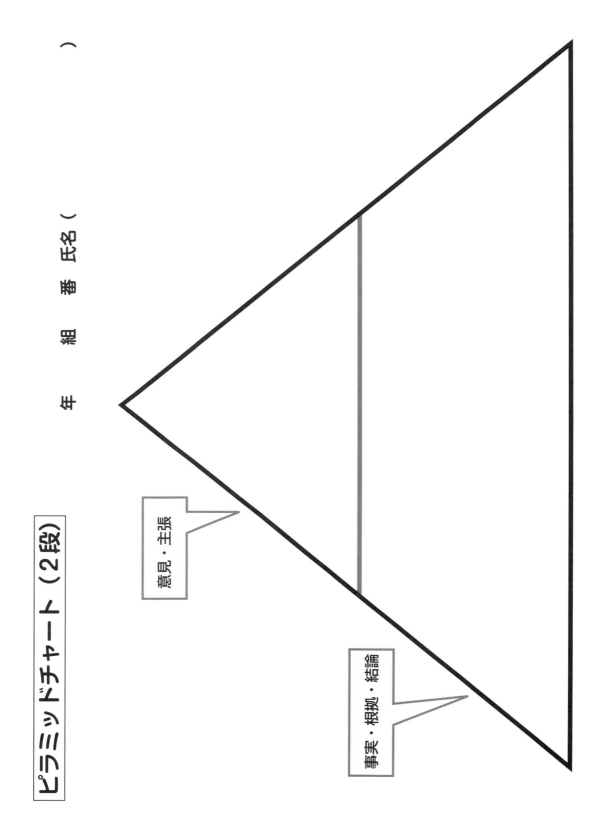

意見・主張

事実・根拠・結論

4 学校図書館を活用するための環境づくり

(1) 蔵書数と配分比率

調べる学習を展開するには、学習に活用する本が必要です。文部科学省から学校に所蔵したい本の冊数の目安が「図書標準」として下記のように示されています。

図書標準（中学校）
※学校図書館基準（文部科学省　平成5年）

	学級数	蔵書冊数
中学校	1～2	4,800
	3～6	4,800+640×（学級数－2）
	7～12	7,360+560×（学級数－6）
	13～18	10,720+480×（学級数－12）
	19～30	13,600+320×（学級数－18）
	31～	17,440+160×（学級数－30）

※学校図書館図書基準（文部科学省　平成5年）

中学校

学級数	蔵書冊数	学級数	蔵書冊数
3	5,400	17	13,120
4	6,080	18	13,600
5	6,720	19	13,920
6	7,360	20	14,240
7	7,920	21	14,560
8	8,480	22	14,880
9	9,040	23	15,200
10	9,600	24	15,520
11	10,160	25	15,840
12	10,720	26	16,160
13	11,200	27	16,480
14	11,680	28	16,800
15	12,160	29	17,120
16	12,640	30	17,440

この図書標準は満たしているものの、どのような本が蔵書となっているかを調べてみると、多くの学校図書館では9類（文学／絵本も含む）が蔵書の大半を占めていることが多いようです。蔵書の六割か七割が9類という学校図書館もかなりあります。このような学校図書館では、冊数は図書標準に達していても、調べる学習の本が不足していて、満足のいく学習ができないことが多いものです。学習センターとしての学校図書館を考え、学習を円滑に行う環境を整えることが重要です。文部科学省や全国学校図書館協議（全国SLA）会から次のような配分比率が示されています。

●蔵書の配分比率

文部科学省：昭和34年

	000	001	002	003	004	005	006	007	008	009	絵本	
小学校	5	2	15	9	13	5	5	5	2	20	19	100%
中学校	7	3	14	10	15	5	5	7	5	29		100%
高等学校	8	5	13	10	15	5	5	7	7	25		100%

　＊基本図書としては、必備の辞書、百科事典、年鑑、統計、人名・地名などの事典、地図・図鑑などを含めて、小学校500種、中学校700種、高等学校1000種程度の図書が必要である。

全国SLA：平成12年

	000	001	002	003	004	005	006	007	008	009	
小学校	6	2	18	9	15	6	5	9	4	26	100%
中学校	6	3	17	10	15	6	5	8	5	25	100%
高等学校	6	9	15	11	16	6	5	7	6	19	100%
中等教育学校	6	9	15	11	16	6	5	7	6	19	100%

　＊絵本・マンガは、主題をもとに、分類する。

　この表から中学校12学級の場合の蔵書構成の例を考えると、図書標準冊数は、10,720冊です。9類は25%で2,680冊となります。仮にその学校図書館にある9類の本が5,896冊の場合、配分比率は55%で、3,216冊多いことになります。9類が40%だとしても、図書標準冊数は4,288冊で1,608冊もオーバーしています。

　2類についてみると、17%ですから1,822冊が図書標準冊数となります。仮に現存が1,072冊だとすると、750冊も少ない状況となります。

例：配分比率　　類ごとの冊数（中学校 12 学級の場合）

例	0	1	2	3	4	5	6	7	8	9
10,720	643	322	1822	1072	1068	643	536	858	536	2680

　例えば、棚が 5 段ある書架に 2 類や 4 類の本を並べたとします。1 台（横幅 180 c m）の書架に入る本がおおむね 500 冊程度だと考えると、2 類の 1,822 冊は 4 台分の書架が必要になります。棚の段数が少ない場合は当然、5 台以上の書架が必要となります。あなたの学校図書館には、配分比率に対応する妥当な冊数が配架されているでしょうか？

　何年も蔵書点検を行っていない学校で蔵書点検をしたら、本の冊数が大幅に違っていたという話をよく聞きます。配分比率に見合う本があるかどうか、最低でも年に 1 回は調べて、蔵書の確保をしたいものです。蔵書数は台帳上の数字ではなく、現物をしっかり確かめた数字を出すようにしましょう。

　私が図書館の担当になった初めの頃は、1 人で蔵書の点検をしました。当然大変だということがわかって、校内の図書館部の先生に声をかけ、協力していただける日程を組むようにしました。数人の協力があれば、かなり短時間で点検することができます。電算化されている学校図書館は、さらに短時間でできます。毎年蔵書点検をすると、本の紛失も少なくなり、点検がしやすくなります。確かな学習が実践できる場として、蔵書の確保、学習できる本の確保は切実な課題です。「学校司書がいないからできない」「電算化されていないからできない」という言い訳をして課題を封印せずに、積極的に取り組みましょう。

(2) 配架と所在記号（請求記号）

　本の確保とともに、配架の基本をマスターしましょう。学校司書が配置されている場合、司書任せにすることが多いかと思いますが、基本は使い手である教員もマスターすべきです。日本では多くの図書館で「日本十進分類法」（NDC）によって配架されています。学校図書館でも基本的にはこの分類で配架することをお勧めします。生徒が共通の分類を知っていることで、将来的にもほかの図書館を活用することにためらいがなくなります。先生や学校司書がよかれと思ってやってしまいがちですが、独自の配架することは避けるべきです。そのような学校で育った生徒は、高校、大学の図書館や公共図書館を利用する時に困惑してしまうことでしょう。日本国内であればどの図書館も利用できる生徒を育成したいものです。

また、学校図書館では様々なコーナーを見かけます。例えば、

・新着本コーナー　　・季節のコーナー　　・シリーズのコーナー　　・作家別コーナー
・推薦図書コーナー　・ラノベコーナー　　・マンガコーナー　　　　・ホラーコーナー
・SF コーナー　　　　・寄贈本コーナー　　など。

　驚くことに、上記にあげたコーナーがほとんどあるといった学校図書館もありました。そういう図書館では、どこにどの本があるのかが長年在住している学校司書にしかわからないという状況になります。学校司書はわかっているので何ら不便は感じないようですが、初めて使う者にとっては本を探すのも大変だし、返すのもどこに返せばよいのかわからないことが多いのです。配架の基本は、だれにでもわかることです。十進分類法がある程度理解されていれば、だれでももとの場所へ返すことができる学校図書館になるでしょう。また、分類の指導は基本的に教員が指導します。

　そのためには、所在記号（請求記号）をしっかり付与することです。例えば、「魚の不漁が温暖化の影響で続いている」という内容の場合、「水産業」と考えるか、「地球温暖化」と考えるかは担当者で違ってきます。生徒の学習に合わせた分類で考えるようにするとよいでしょう。教員と学校司書で話し合い、配架や分類の考え方を共通理解することが必要です。

(3) 資料の収集とファイル化

　本を揃えることはもちろん大切ですが、学習内容によっては本では補えないことがあったり、本だけでは資料が足りなかったりすることが度々起こります。例えば、理科の学習で「大地の変化」について調べることがあったとします。「大地の変化に関することで調べたいことを調べる」といった課題ならば図書館の本で間に合うでしょうが、「火山」とか「地震」「地層」といった特定のテーマに絞って調べるとなると、既存している本だけではとても足りません。すると、ICT で調べる授業が多くなり、結果として生徒が理解できないまま、「丸写し」するだけで学習が終わってしまうこともあるようです。

　「何のための資料なのか」、「調べる学習の資料（ICT も含む）は適切なのか」などと、図書館を活用する授業が円滑に展開できるよう、図書館担当者だけでなく授業者もが考える姿勢をもちたいものです。

　そういうときのために、新聞のファイルづくりを勧めています。作成方法は、下記の通りです。新聞だけでなく、資料として次ページの①のようなものを収集します。それらを総合して「情報ファイル」と呼んでいます。

①どのような資料を収集するか。
　新聞・パンフレット・リーフレット・冊子・
　広報紙・写真・絵はがき・図録・地図・児童生徒の作品等

②収集した資料をファイル化する。ファイル化の手順
　ア）ファイルする資料を選ぶ。
　イ）マーキングする。
　ウ）必要な記事を切り抜く。
　エ）台紙を用意する。
　オ）台紙に貼る。
　カ）標目の記載をする。件名を選ぶ。
　キ）小見出しをつける。
　ク）件名ごとに整理する。

〈標目〉

件　名	
日　付	年　月　日
出　所	○○新聞

3cm / 1.5cm / 3.5cm

＊標目は印刷しておくとよい。

③台紙への貼り方（台紙は画用紙などがよい）
　・Ａ４版かＢ５版の用紙を用意する。（入れ物や学校に合わせて）
　・台紙より大きい資料は適切なところで切り、裏も利用して貼るようにする。
　・資料が大きすぎる場合は、四つ切りなどの大きな台紙を用意する。
　・両面の資料をファイルしたい場合は、片面をコピーする。

④ファイル化した資料の保存のしかた
　・所定のケースをできるだけ用意する。
　・古いファイルや内容の合わないファイルは廃棄する。（目安３年程度）

⑤作成したファイルを活用するために
　・パスファインダーを作成して、活用できることを知らせる。
　・こまめに資料を収集する…職員などに協力をお願いするとよい。

⑥ファイル作成の留意点
　・件名を考えて、記事を選ぶ。
　・大きい記事は、適切なところでいくつかに分けてよい。
　・全面にしっかり糊をつけて貼る。隅がめくれないようにする。
　・台紙の裏も利用し、１枚に納めるようにする。
　・見出しを参考にタイトルを考える。
　・むずかしい漢字には読み仮名をつける。
　・保存する場所の確保をする。書架に並べてもよい。

(4) 地域資料の収集と作成

①地域資料の収集
　地域の資料は書籍としてはあまり発行されていません。そこで、住んでいる地域を題材にしたリーフレットやパンフレット、地域の広報紙などをできるだけ収集し、その中で学習の需要が多いものなどに項目をつけて、収集、分類、配架することを勧めています。地域資料の種類には、『わたしたちの○○市』(副読本)、冊子、広報紙、パンフレット、○○市の要覧、ホームページ、リーフレット、レプリカ、現物などがあります。

②地域資料の作成
　修学旅行や校外学習、宿泊学習などで訪問する地域の資料も同様に収集しておきたいものです。全ての生徒につながることではありませんが、一部の生徒には下記の③の例のようにわかりやすい言葉に直すと活用しやすいでしょう。その際、出典を明記します。私が関わった荒川区の場合は、学校司書の連絡会などでそれぞれが分担して作成し、それをまとめたものを各校に備えておくようにしました。
　作成したい地域資料の内容は、建物、神社、寺、公園、博物館・美術館・歴史館、自然（川、滝、海、山など）、文化財、記念碑、伝統行事などです。

③わかりやすい地域資料にするために
　次のような手順で生徒に理解できる資料に加工するとよいでしょう。

●加工の手順
ア）文を分ける
例：この地は江戸末期には、清山家の下屋敷となり、のち八橋家の下屋敷に転じ、幕末に松前45万石の藩主山川豊前守の下屋敷、抱屋敷となった。

　　　　　　　　↓

　　・この地は江戸末期には、清山家の下屋敷となり、
　　・のち八橋家の下屋敷に転じ、
　　・幕末には松前４５万石の藩主山川豊前守の下屋敷、抱屋敷となった。

イ）難語句をやさしくする。
例：　・下屋敷→大名の屋敷
　　　・転じ→変わり
　　　・藩主→藩の主、リーダー
　　　・抱屋敷（かかえやしき）敷地内にある別宅

ウ）やさしい文にまとめる。

例：この土地は江戸時代末期には、大名の清山家の屋敷となったが、その後、八橋家の屋敷に変わった。幕末には松前藩45万石の藩の主だった山川豊前守（役職名）の屋敷と別宅となった。

エ）カード化する。
- 写真やイラストを入れる（貼る）。
- 加工した説明を書く。
- タイトルを付ける。
- 出所（でどころ）を記す。
- 裏に元の資料を貼付する。

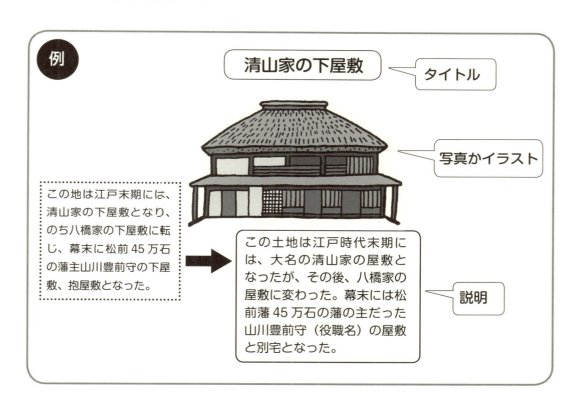

(5) 表示やサインの工夫

　学校図書館には、生徒への案内となる表示やサインを工夫することが大事です。表示には次のようなものが考えられます。

- 学校図書館の場所を示す（校内の何カ所かに欲しい）
- 学校図書館が開館しているかどうかを示す
- 学校図書館の開館日、開館時間を示す
- 貸出が可能かどうかを示す
- 学校図書館内の地図（どの本がどこにあるかがわかる）
- コーナー名（どのようなコーナーか）
- 貸出、返却などの場所を示す
- 担当図書委員や担当教員、学校司書がだれかをわかるようにする
- 学校図書館のきまり（約束）を示す
- 貸出、返却の方法やきまりを示す

　上記の全てが必要ではありませんが、利用者の立場になって必要なことを案内しましょう。約束事などについては、あまりしつこい表示にはならないようにします。特に禁止事項をやたらと表示するのは考えものです。あれもこれも禁止、ダメと言われると図書館を利用する気持ちは失せてしまうかもしれません。図書館を大事にしたい熱意はわかりますが、利用者の気持ちを優先した上で案内することが第一です。

(6) 学校図書館の環境を考える

①1年間で学校図書館の環境を変える（大和市立光丘中学校の実践から）

　中学校の図書館は「生徒が本を読む場」として考えることが多く、先生方は「生徒が図書館でよく本を読んでいる」ことで満足されていないでしょうか。確かに、生徒にとって「読書の場」であることは重要ですし、「憩いの場」であっても欲しいと願います。しかし、学校図書館の役割はそれだけではありません。「学習センター」「情報センター」として機能する図書館を構築するべきですし、そのような意識改革が必要です。

　以下に、そういう思いで取り組んだ学校図書館の環境整備の変容を紹介します。写真は神奈川県大和市立光丘中学校の1年間の変化を追った記録です。光丘中は、研究校ではなく、図書館に特に力を入れている学校でもありませんが、環境を整備したことで生徒の活用がたった1年間でぐっとアップし、先生方の意識にも変化がみられました。

②図書館のレイアウトや配架を変える（B＝before　A＝after）

B：掲示物も少なく、さびしい雰囲気。入口の1カ所は閉鎖されていた。

A：掲示物を増やし、入口付近に展示コーナーを設置。2カ所の入口を確保した。

B：隣のパソコンルームとは壁で遮断されていた。

A：遮断されていた壁をオープンにパソコンルームと図書館が一体化された。

B：低書架に0～8類が配架されていた。

B：3日間で全ての本を移動。ほとんど司書の活動。

A：高書架に0～8類を配架。目立つサインで所在を明確にした。

③展示＆掲示（B＝before　A＝after）

B：新着本などが陳列されていた

A：掲示物を工夫して特設のコーナーとした。

B：ガラスケースには新着本の一部を収納していた。

A：この図書館で一番古い本を恭しく展示。見たい人は司書に申し出ることにした。生徒の関心が高まり、読みたい生徒も現れた。

A：低書架の上は本が取りやすいように工夫。

A：3月の卒業シーズンの展示。

A：修学旅行に合わせて、京都を中心とした近畿地方の展示。

A：読みやすそうな本を入口付近に展示。

4　学校図書館を活用するための環境づくり

A:「この本いいね！」は毎日1冊のみ展示。

A:本と一緒にかわいいマスコットを展示（司書の手づくり）。

A:カラフルにPOPを作成。

A:生徒のPOPも素晴らしい。

A:弁論大会に向けての掲示。

A:入口のお知らせ。

A:図書館前にも展示。

④生徒サイドで利用法を変える（B＝ before　A＝ after）

B：生徒手帳が必要だった。

A：電算化し、手帳携帯はなしに。

A：予約本もOK。

A：発掘コーナーの本は面白い。

A：忙しい生徒は立ち読みOK。

⑤生徒の活動が活性化（B＝ before　A＝ after）

B：ベランダに椅子を並べただけ。

B：掃除に励み、

A：ブックカフェをオープン。

A：自主的に読み聞かせ会を実施。
大勢の生徒が参加。

⑥先生へのアプローチ

A：各教科の先生に応じた本の紹介を配布。

⑦日常の図書館の変化

A：思い思いのスタイルで読書する生徒が大幅に増えた。

A：生徒が図書館で学習する姿が日常化した。

（7）パスファインダーの作成

①パスファインダーとは

　「Pathfinder」と表記され、『パスファインダーを作ろう』（全国学校図書館刊）には「特定のトピック（主題）に関連する資料の探し方をまとめた1枚の印刷物（リーフレット）」と解説されています。また、資料や情報を検索するための「道しるべ」「道案内」ともいわれています。厚木市小学校図書館研究会では「あるテーマについて、学習に活用できる資料のリストアップ」と説明しています。

②パスファインダーのメリット

　パスファインダーのメリットは次のようなことがあげられます。
（ア）児童生徒にとって
　・パスファインダーに示された資料を活用することで、自分の学習の効率があがる。
　・例示された資料以外にも、関心のある資料を見出すことができる。
　・様々な情報検索、情報活用の方法を習得できる。
（イ）図書館にとって
　・利用者への働きかけの手段となる。
　・多様な情報（メディア）が紹介できる。
　・同じ情報を同じレベルで同時に提供することができる。
　・作成者のスキルアップにつながる。

③パスファインダーに取り上げる内容

　パスファインダー例を見ていただくとわかりやすいですが、パスファインダーには次のことを取り上げます。
　・テーマ
　・テーマに関する説明
　・手がかりとなるキーワード
　・図書資料（自校の資料）
　・新聞記事やファイル、雑誌、パンフレットなどの情報
　・インターネットのWEBサイトの紹介
　・AV資料などの紹介
　・作成日、作成者

④ パスファインダーの作成

（ア）テーマ例

　テーマにあげられる例です。小学校の例も参考までにあげておきますが、学習の内容によっては中学校でも作成してもよいかと思います。

〈中学校向〉
奈良・京都　世界の国々　都道府県　仕事　国際協力　防災　法律　情報社会
世界平和　エネルギー　バリアフリー　貧困問題　　など
〈小学校向〉
消防　警察　地域の人　水（浄水場）　ごみ　昔の道具　点字　手話　米
水産業　　自動車工業　放送局　外国　歴史上の人物　戦争と平和　修学旅行
地球温暖化　酸性雨　絶滅動物　介助犬　盲導犬　バリアフリー　ボランティア
方言　伝統工芸（伝統文化）　行事　など

（イ）キーワード

　テーマに関する重要な用語、よく出てくる用語などを取り上げます。

（ウ）ネット情報

　テーマに関するＷＥＢ上のサイトを明記し、学年によってはアクセスのしかたを順に明示します。選ぶサイトは生徒にとってわかりやすく、説明が細かすぎない、用語がむずかしすぎないサイトを選ぶようにするとよいでしょう。動画はできるだけ避けて、必要な情報が取り出せるサイトにするとよいでしょう。

（エ）図書の情報

　題名にテーマの言葉がないものもしっかり記載します。索引を見て、テーマの言葉が入っているページをチェックし、妥当なものを入れます。書名、シリーズ名、出版社、所在記号（請求記号）などを記載します。

（オ）図書以外の資料で探す

　ファイルや雑誌、パンフレットなどの資料名、出所を明記します。

（カ）仕上げ

　Ａ４サイズ１枚にできるだけ収め、親しみやすいカットを入れます。授業では生徒数分を用意しますが、いつでも活用できるよう、常時図書館に備えておきましょう。

4 (7) ④の例

パスファインダーの例

パスファインダー〈資料さがしのナビ〉   NO.

沖縄県 の資料をさがす

　　沖縄県について調べてみましょう。日本列島の南西端に位置し、
独自の歴史と文化をもった地域です。その地形・自然環境も沖縄
ならではの特徴をもっています。

手がかりとなるキーワード

亜熱帯　台風　サンゴ礁　琉球王国　首里城　那覇市　米軍
統治　基地　ガマ　命どぅ宝　エイサー　島唄　三線
さとうきび　パイナップル　紅型　観光　宮古島　西表島
石垣島　与那国島　ひめゆりの塔　沖縄料理　ゴーヤチャンプルー
方言　長寿

ネット情報

①沖縄県のホームページ　　http://www.pref.okinawa.jp/
〈県政情報〉統計
②沖縄県平和祈念資料館　　http://www.peace-museum.pref.okinawa.jp
③ひめゆり平和祈念資料館　http://www.himeyuri.or.jp
④財団法人沖縄観光コンベンションビューロー　http://ocvb.or.jp/
〈沖縄観光情報 Web サイト〉おきなわ物語
〈沖縄観光情報 Web サイト〉沖縄修学旅行ナビ

図書資料でさがす

請求記号	書　　　名	出版社	出版年
219	語り伝える沖縄―ビジュアルブック　第1巻～5巻	新日本出版社	2006・2007
219	ざわわざわわの沖縄戦―サトウキビ畑の慟哭―	光人社	2011
219	沖縄戦の絵―地上戦　命の記録―	日本放送出版協会	2006
219	沖縄県の歴史（県史　47）	山川出版社	2010
219	戦争と沖縄（岩波ジュニア新書　19）	岩波書店	1980
291	都道府県別日本の地理データマップ 7 新版　九州・沖縄地方	小峰書店	2012
291	沖縄まるごと大百科　1～5	ポプラ社	2005
291	沖縄の島へ全部行ってみたサー	朝日新聞出版	2010
395	沖縄のこれから―平和な島をめざして―	ポプラ社	1999
383	日本の食生活全集　聞き書　沖縄の食事	農山漁村文化協会	1988
602	都道府県別 21 世紀 日本の産業 1	学研	2001
709	修学旅行で行ってみたい日本の世界遺産 5	岩崎書店	2014
709	沖縄の文化財	沖縄文化社	1998
750	沖縄の伝統工芸	沖縄文化社	2000
750	九州・沖縄の伝統工業（調べよう・日本の伝統工業　7）	国土社	1996
818	NHK21 世紀に残したいふるさと日本のことば　6　九州・沖縄地方	学研	2005
818	沖縄の方言―調べてみよう暮らしのことば―	ゆまに書房	2004
916	対馬丸（名作の森）	理論社	2005
916	白旗の少女（講談社青い鳥文庫　208-1）	講談社	2000
916	ひめゆりの少女―十六歳の戦場―	高文研	1995

その他の資料でさがす

種類	タイトルなど	出所
映像資料（DVD）	さとうきび畑の詩　清ら島（ちゅらしまうちなー） ～摩文仁からのメッセージ～	財団法人　沖縄協会 2007 年
冊子	平和学習ハンドブック　清ら島（ちゅらしまうちなー） 改訂補版	財団法人　沖縄協会 2005 年

4（7）④のワークシート

パスファインダー

20　　年　　　月　　　日作成

年　　　組　　　番　氏名（　　　　　　　　　　　）

テーマ

〈テーマについて〉

キーワード

図書資料

請求記号	書名（シリーズ名）	著者名	出版社	発行年

雑誌記事

記号	資料情報（書誌情報）	発行所	配置場所

新聞記事

新聞名	記事の見出し	年月日	配置場所

AV 資料

資料情報（書誌情報）	資料 ID	配置場所

Web サイト

サイト名（URL）	情報名	備考

(8) 調べる学習用　基本図書リスト

ジャンル	書名またはシリーズ名	出版社	備考
百科事典	総合百科事典ポプラディア　新訂版	ポプラ社	全12巻
百科事典	ビジュアル百科日本史1200人	西東社	
百科事典	まるごとわかる「モノ」のはじまり百科	日本図書センター	全5巻
百科事典	ポプラディア情報館	ポプラ社	(必要な巻)
図鑑	見学！自然エネルギー大図鑑	偕成社	全3巻
図鑑	各　図鑑	各社	
図鑑	釣り魚図典	小学館	
図鑑	コンビニ大図鑑	PHP研究所	
辞典	国語辞典、漢和辞典、英和辞典、和英辞典、古語辞典	各社	
辞典	広辞苑	岩波書店	
辞典	反対語対照語辞典	東京堂出版	
辞典	国際理解を深める世界の国歌・国旗大事典	くもん出版	
辞典	数え方の辞典	小学館	
辞典	勘違いことばの辞典	東京堂出版	
辞典	都道府県別　全国方言辞典	三省堂	
辞典	こども手話じてん	ポプラ社	
辞典	外来語・カタカナ語　おもしろイラスト辞典	汐文社	全3巻
事典	現代用語の基礎知識	自由国民社	
事典	ポプラディアプラス　人物事典	ポプラ社	全5巻
事典	図解まるわかり時事用語	新星出版社	
事典	オリンピック・パラリンピック大事典	金の星社	全2巻
事典	栄養の基本がわかる図解事典	成美堂出版	
事典	日本史モノ事典	平凡社	
事典	世界を動かした世界史有名人物事典　1000年	PHP研究所	
事典	民族衣装絵事典	PHP研究所	
事典	落語ものがたり事典	くもん出版	
事典	モノができる仕組み事典	成美堂出版	
事典	アガサ・クリスティ大事典	柊風舎	
事典	記念日・祝日の事典	東京堂出版	
事典	世界のお金事典	汐文社	

※ここには特に「調べる学習」を展開するときなど、学校図書館に備えておきたい本として、レファレンスやデータ関係の本を中心に挙げてみました。この他に、各分野で必要とされる本は多々あります。事典関係では、数学事典や音楽事典、美術事典やスポーツ事典などなど、現場の状況を把握して必要な本を揃えてください。

ジャンル	書名またはシリーズ名	出版社	備考
データブック	ビジュアルデータブック日本の地理	学研プラス	
データブック	日本国勢図会	矢野恒太記念会	毎年発行
データブック	世界国勢図会	矢野恒太記念会	毎年発行
データブック	日本のすがた	矢野恒太記念会	毎年発行
データブック	データでみる県勢	矢野恒太記念会	毎年発行
データブック	理科年表	丸善出版	
データブック	食品成分表	文部科学省	
年鑑	朝日ジュニア学習年鑑	朝日新聞出版	
年鑑	調べる学習　子ども年鑑	岩崎書店	
年鑑	ニュース年鑑	ポプラ社	毎年発行
年鑑	スポーツ年鑑	ポプラ社	毎年発行
ガイド	充実の修学旅行ガイド	PHP研究所	全2巻
ガイド	職場体験完全ガイド	ポプラ社	(必要な巻)
環境	池上彰のニュースに登場する世界の環境問題　Ⅰ、Ⅱ期	さ・え・ら書房	全10巻
気象	これは異常気象なのか？	岩崎書店	全3巻
行事	日本の伝統行事	講談社	
行事	知っておきたい日本の年中行事事典	吉川弘文館	
行事	はじめてふれる日本の二十四節気・七十二候	汐文社	全4巻
新聞	学習に役立つ！なるほど新聞活用術	岩崎書店	全3巻
新聞	新聞の正しい読み方	NTT出版	
著作権	学校で知っておきたい　著作権	汐文社	全3巻
文化	国際理解に役立つ　世界の衣食住	小峰書店	全10巻
文化	世界遺産になった食文化	WAVE出版	全4巻
防災	知ろう！防ごう！自然災害	岩崎書店	全3巻
防災	いのちと未来を守る防災	学研プラス	全5巻
その他	ウォーズ・オブ・ジャパン	偕成社	
その他	ユニバーサルデザイン	あかね書房	全3巻
その他	ビブリオバトル　ハンドブック	子どもの未来社	
その他	日本の生活100年の記録	ポプラ社	全7巻
その他	各　歳時記	各社	

5 学校図書館の活用を推進する支援体制

(1) 学校図書館の支援活動

　私は平成19年度から10年間、3つの自治体で学校図書館の支援活動を行ってきました。所属は各教育委員会。役職は、主任学校図書館指導員や学校図書館スーパーバイザー（SLS）でした。どんな支援をしてきたのか、具体的な活動をあげてみましょう。

- 全校に配置した学校司書の活動を円滑に遂行できるようにする。（詳細は※）
- 学校司書研修、教員研修、管理職研修などを企画、運営し、学校図書館の活性化を図る。（SLSが講演、講義、ワークショップなどを行う）
- 学校図書館を活用する時に使用するワークシートを作成する。
- 各校の蔵書構成や環境整備のアドバイスをする。
- 学校司書向けのハンドブックを作成する。
- ボランティアに図書館整備などに関するアドバイスする。
- 学校図書館を活用した指導案の提案をする。
- 学校図書館を活用したモデル授業（提案授業）を実施する。
- 図書の選定や廃棄について、アドバイスする。
- 学校図書館の定期訪問をする。（全校、年3回など）
- 学校図書館支援の要請に応じた訪問をする。
- 毎月、全校向けの学校図書館支援室だよりを発行する。
- 全校に向けて、各校の学校図書館を紹介する。
- 図書購入計画に関する情報を提供し、計画に関するアドバイスをする。
- 学校図書館に関する各計画書を提案し、各校の状況に応じて作成に関するアドバイスをする。

※例えば、学校司書への支援についての具体例をあげると、
＊学校司書：図書購入計画を立てたい。お薦めの図書を紹介して欲しい。
➡ＳＬＳ：その学校の蔵書構成を確認しないと、簡単に紹介するのはむずかしい。どの類が少ないか、その学校に必要な図書が入っているかを確認し、不足している図書から購入するよう助言。参考までに具体的な書名も紹介した。

＊学校司書：9類中心の図書館のレイアウトを変えたい。その案を提示したいが、どのようにしたらよいか。

➡SLS：部屋の広さ、書架の数、大きさ等を現場で確認。その広さや大きさに合ったレイアウトを考え、縮小した図を数種類作成した。その図についての特徴とメリットやデメリットなど予想されるものを教員に知らせることができるよう、学校司書と一緒に考えた。

　学校現場では、図書館に関わることは何でも学校司書に任されることがあります。ただ、経験が全くない学校司書にとっては、重要な提案は負担になる場合もあります。そのような時にSLSのアドバイスがあると、司書が活動しやすいということで、学校関係者からは歓迎されています。

(2) 支援組織づくり

　私が支援に携わった荒川区では文部科学省の学校図書館推進事業（学校図書館支援センター事業）終了後、名称を「学校図書館支援室」（以下「支援室」）とし、教育委員会の指導室長、指導主事、学校図書館支援室長、主任学校図書館指導員（後の学校図書館スーパーバイザー）で組織しました。そして、全校に配置した図書館指導員（後の学校司書）を総括しながら、学校図書館の支援にあたる機関としました。

荒川区学校図書館支援室の組織

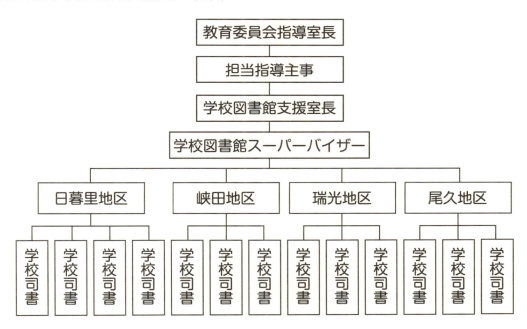

（3）校内の体制づくりと活用指導年間計画の作成

①中学校の現状

　中学校では学校図書館のことは国語科が担当するという風潮が強く、図書館はどの教科でも活用するという考えは、なかなか浸透していません。学校図書館に関する校務分掌をみると、司書教諭か図書館主任（担当）が１〜２名配置されている程度のところが多いでしょう。学級も教科も担当し、授業時数や仕事の減免もほとんどない教員が、学校図書館のことで四苦八苦しているところも少なくありません。

　そんな中で、学校図書館を活用するための校内体制づくりをどのようにつくっていったらよいのでしょうか。いきなり「校内の体制をつくろう！」と叫んでもどうにもなりません。そこで、公立中学校で国語科を担当する教員で、時には学級担任や部活動ももつ兼任司書教諭だった私が、司書教諭としての授業時数の減免もなく、学校司書も未配置だった状況の中で取り組んだことをもとに、校内の体制づくりをどのようにしていったかについてご紹介します。

②自ら実践する

　まずは調べる学習やそのための指導を自らやってみることをお勧めします。自分が担当する教科や学年共通の領域（道徳や総合、学活など）で、できそうなものを考えます。公開授業として見に来てもらうことができれば、より効果的です。さらに図書館だよりなどで、実践した授業の簡単な報告をしたり、口コミで授業のよさや楽しさを伝えたりすると、効果は抜群です。だれにでも気軽に取り組めるということをＰＲしましょう。

③他教科や他領域へ広げる

　実践では簡単な指導案を作成し、それを同一教科、同学年の先生方に提示してやってみてもらいましょう。また、他教科や他学年の先生方にも適切な学校図書館資料やそれを使ってできる学習指導を紹介し、それを実践してもらいます。その際、授業の相談に乗ったり、可能な範囲でＴＴに入ったりするとよいでしょう。あらゆる機会を捉えて、まず実践することが大切です。１時間でもいいですし、急な取り組みでもかまいません。少しでもできること、できたことを大切に。ここがスタートです。

④校内図書館活用教育研修会を開く

　「今まで学校図書館に関心がなかった」、「学校図書館が機能している姿を見たことがない」という教員は多いものです。生徒指導と同じように、学校図書館の指導も全教科・全領域を通じてするものだということが理解されていないことが、学校全体での指

導がなかなか浸透していかない原因なのです。それを打破するためには、とにかく先生方にわかっていただくことが先決です。そこで、図書館活用教育の研修会を開きましょう。時間をとるのがむずかしい場合は、年度初めの研修部などの主催する会の一部でよいので、その時間を取ってもらうようにします。主な内容は、次の通りです。

（ア）学校図書館とは（学校図書館の機能や役割など）
　・学校図書館は「学校の教育課程の展開に寄与する」「生徒の健全な教養を育成する」（学校図書館法）ものである。
　・学校図書館は、読書センター、学習センター、情報センターの機能をもつ。

（イ）司書教諭とは（役割や関わりについて）
　・司書教諭は学校全体の図書館運営、図書館及びその資料・情報・メディアの活用とその教育に関わり、推進役となる。
　・学校司書とは職種が異なる。学校司書は学校図書館の職務に従事する職員。

（ウ）学校図書館の資料
　・あらゆる情報メディアが対象。本だけではない。
　・学校図書館資料には、図書資料とファイル資料、視聴覚資料、逐次刊行資料などがある。

（エ）学校図書館活用教育（図書館資料や学習の指導について）
　・読書指導（読書活動ではない）。
　・情報・メディアを活用する学び方の指導（利用指導）。
　・教科などの指導のために資料を活用する学習指導。

（オ）学び方の指導（利用指導）の意義や内容
　・学び方の指導は全ての教科、領域で行う。また、図書館内でも図書館外でも全校的に実施する。
　・図書館資料を活用させる場合、参考図書の使い方を指導する。また、目次や索引を効率的に活用させる。
　・情報を利用する際には、複数の情報を比較させ、選び取る力を培うようにする。
　・引用のしかたや要約のしかたを指導し、丸写しのまま報告しないようにさせる。
　・参考資料の明記のしかたや要約のしかたを指導する。

（カ）体系的な学び方の指導の必要性など

・様々なメディアが提供する言語や図表で表された情報を読み解き、比較してよりよい選択をし、さらにそれを活用して新しい情報を作成して発信する力を育てることが重要。

・「読解力」「情報リテラシー」「言語力」「コミュニケーション能力」などにつながる一連の力を育成する指導をする。

・学校教育で体系的・計画的に指導する。

⑤アンケートから活用年間指導計画を作成

　私は年度の初めに教員全員へアンケート（p.104）を出し、それをまとめながら図書館の活用年間指導計画を作成していました。図書館担当からの押しつけと感じられるような計画は敬遠されがちですが、全員が関わったアンケートから立てた計画は円滑に実践に結びつくようです。

　アンケートの学び方の指導については、2004年に全国学校図書館協議会から出された「情報・メディアを活用する学び方の指導体系表」の中学校分を抜き出し、番号をつけた項目表（p.107）から選んでもらいます。これは、必要な指導や図書館を活用しながらできる指導を教員に意識してもらうことにも役立ちます。この方法で年間の計画表を4月の中頃までに作成し、校内の情報教育委員会で検討してから職員会議に提案します。また、④の図書館活用教育の研修会でもこの計画について説明すると、教員全員への徹底を図ることができます。

⑥授業実施までの手順

　授業の実施の時期が近くなったら、図書館の活用年間指導計画にしたがって、学校図書館内外の資料リストやパスファインダーなどとともに該当学年の担当者と授業の相談をします。実施する授業には、図書館としてできる限りの支援をします。学校司書が授業者の要請にもとづいて事前に資料の準備をしたり、司書教諭が授業者と共同して授業を行ったりするのは大変効果的です。

　また、広報で実践の状況を教員全体に知らせるのもよいでしょう。例えば、「1年生は国語科の授業でカードの作成法や参考図書の利活用について学んでいます」などとできるだけタイミングよく知らせると、他教科や他領域へも広がりやすくなります。

　中学校は「教科の壁」があるとよくいわれますが、学校図書館活用のための指導内容には教科間での共通項も多いのです。

⑦計画やまとめを検討する機関の活用を

　調べる学習の指導は、情報教育と重なる部分が多くあります。学校図書館は情報の集

積地で、その教育の中心は司書教諭だという意見もあります（『情報教育マイスター入門』 ぎょうせい 2008年より）。中学校では「情報教育委員会」といった名称の特別委員会がある学校も多いようですが、ICT活用の授業が盛んになった現在、その委員会がほとんど機能していない学校も少なくありません。そこで、「学校図書館活用連絡会」といったような名称からスタートするなどして、管理職、教科代表、学級活動・道徳・総合的な学習の各学年の担当者などが入った委員会（または連絡会）を置くとよいでしょう。

　この会のまとめ役は、司書教諭（または学校図書館担当者）です。年に2回は固定化し、その他は必要に応じて開きます。主に年度はじめの④⑤の研修や指導計画の検討と、年度末にはそのまとめと反省、学校図書館資料の選定と廃棄などについて話し合い、それを職員会議に提案します。活用と指導の全体計画についてもこの会で検討することで、指導内容についてより体系的・有機的な計画ができます。教科の壁もこういうところで「横のつながり」へと広がれば、学校全体の教育のレベルアップとなるのではないでしょうか。

⑧さらなる活用推進のために

　年度末には、図書館を活用した指導の生徒への定着度に関するアンケートを行います。情報教育委員会などで検討し、年度末反省に出すと、さらなる推進につながります。教員全員が関わることで、指導の反省点や弱点などが見えてきます。次年度はどんな点に力を入れればよいかもわかるでしょう。この指導にもＰＤＣＡサイクルは重要なのです。

　地域や学校によって、学校図書館の事情や形態は様々です。しかし、学校図書館の活用指導はとても重要です。特に教科横断的な学習を考えると全校的な指導計画は必須となります。新学習指導要領（巻末に資料あり）から考えても、学校図書館活用教育を推進していくことは極めて重要となることでしょう。

5（3）⑤のアンケート（依頼用紙）

読書活動についてのアンケート

司書教諭○○

　今年度の読書活動（いわゆる「読書」の他に資料を活用する学習やその資料の調べ方を指導する学習も入る）の計画表をつくります。ご協力をお願いします。なお，昨年度の本校の実践結果一覧を添付します。ご参照ください。

　情報教育は、各教科や領域の指導の中にできるだけ織り込んでいかなくてはなりません。情報教育の内容は、右ページの２.「学び方の指導」とほぼ同じですので、それを織り込んだ学習を進めましょう。中学校の内容としては、裏の54項目です。

〈例〉

●**国語科**…………NDC の体験的理解、国語・漢和などの辞典活用法、カードの書き方、簡易レポートや文章、新聞形式によるレポートの作成法、新聞の活用法など。

●**社会科**…………資料の比較検討と選択・利用法、参考図書（特に百科事典、地理・歴史の事典、年鑑・白書などの統計資料など）や新聞の利用法、新聞形式によるレポート作成法など。

●**理科**…………図鑑や理科事典、理科年鑑などの参考図書の活用法、簡易レポートの作成法など。

●**技術科**…………電子メディアについての活用法、そのマナー、著作権なども含めての指導など。

●**英語科**…………英和・和英辞典などの利用法など。

●**その他の教科**…百科事典・専門事典などの活用や新聞の活用、レポートの作成・発表法など。

●**学年総合**………様々な資料を活用した各種レポートの作成法やその発表法。評価も含む。

　以下の考慮もお願いします。

〈昨年度「情報教育アンケート結果についての考察」より〉

● 参考図書の活用やカード作成、レポート作成については教科や総合を通して行ってきたので、ある程度の力はついたようである。調べる視点を一人ひとりにしっかりと持たせ、さらに調べる力を身につけさせたい。また、コンピュータを使っての発表に至るまで、様々なかたちで効果的に発表する力を、学年を追って体系的に指導していく必要がある。

● 新聞活用については、その意欲を引き出すことや、ファイル作成法なども含めての活用能力、新聞形式によるまとめ方の指導に至るまで、例年に比べ指導が希薄だった。総合からその要素がなくなったことが大きい。新指導要領でも重視されているので、これらの指導を強化する必要があるのではないか。教科や総合の中に織り込んでいく必要がある。

● 情報活用やその能力の点では、情報を適切に取捨選択していく力、比較検討して選びとる力の必要性が多く指摘されている。その指導に力を入れていく。

● 著作権・情報モラル・個人情報の取り扱いについては折りにふれて、身につくように指導していく必要がある。

☆読書活動に関わる３つの重要な指導とは…？

１．読書指導

生徒に広く深く読書、本に親しませる指導であり、それは読み物とは限らない。全教科・全領域で行う。

２．情報・メディアを活用する学び方の指導

以下、「学び方の指導」と略す。全国 SLA が 2004 年に発表した大系表に網羅されている。図書館のみならず資料・情報の使いこなし方や、それを使って新しい情報を再生産し、発表・評価するまでの指導をすべて含み、全教科・全領域で計画的に行うもの。次の３と融合させながら行うことも多い。中学校は１～54 の項目がその内容。

３．資料活用学習

教科の目標を達成するために効果的と思われる資料を活用して行う学習。２が前提となって初めてスムーズに進められる。調べるために読むことも読書活動である。

※２と３は同時に融合させて行うことも多い。

これらについてこの１年間、各教科や総合などで計画できるものについてお答えください。なお、２の「学び方の指導」については、添付の「学び方の指導項目」の１～54 の項目のうち、どれに当たるかを考えて番号をお書きください。中には図書館を直接使わない項目もありますが、それも入れて考えてください。
また，本ばかりではなく、他のメディアも考慮してください。

※図書館カウンター内のコンピュータでは貸し出し、返却の他、インターネットも活用できます。新聞社の記事のデータベースも検索できます。

◇計画作成日程◇

○日（　　　）アンケート配布、教科会で相談

○日（　　　）教科の代表の先生が集め、司書教諭へ提出

○日（　　　）情報活用及び情報教育委員会で検討

○日（　　　）企画職員会議で決定

5（3）⑤のアンケート（記入用紙）

（　　　）科（　　　）先生→○日までに教科代表へ

※下記の１～３について、授業での活用をできるだけ具体的に記入してください。何年生の何月頃にどのような内容で実施するか（予定も含む）を明記し、どのような資料を活用するのかもご記入ください。

１．読書指導（本の紹介・本についての話・読み聞かせなど、道徳・学活でも）

２．学び方の指導について（１～54 の項目の中から）

３．資料活用学習（調べ学習）について

４．その他、新聞切り抜き雑誌を今年度も要望があれば取ります。全国の新聞の記事の中からテーマに沿って切り抜いたスクラップ帳を印刷して出版しているようなものです。授業で使わせたい、課題を出して使わせたいという時に便利です。図書館で購入して欲しい教科・ジャンルがあったら書いてください。

５．最後に図書係（司書教諭）へのご意見・ご要望や、購入して欲しい資料など、今の時点でありましたら、ご自由にお書きください。

5（3）⑤のアンケート（参考資料）

情報・メディアを活用する学び方の指導項目

※これは全国学校図書館協議会の学び方の指導の体系表（2004年4月制定）の中から中学校分だけを抜き出し
項目ごとに番号をつけたものです。

〈Ⅰ 学習と情報・メディア〉
●学習の方法を考える
1．いろいろな学習方法
2．学習計画の立て方
●情報・メディアの種類や特性を知る
3．印刷メディア
4．視聴覚メディア
5．電子メディア
6．人的情報源
●図書館の役割を知る
7．学校図書館
8．公共図書館
9．その他の施設
10．ネットワーク

〈Ⅱ 学習に役立つメディアの使い方〉
●図書館を利用する
11．分類の仕組み
12．配架の仕組み
13．目録の種類
14．レファレンスサービス
●各種施設を利用する
15．博物館
16．資料館
17．美術館
18．行政機関
19．その他の施設
●目的に応じてメディアを利用する
20．参考図書
21．新聞．雑誌
22．ファイル資料
23．視聴覚メディア
24．電子メディア

〈Ⅲ 情報の活用のしかた〉
●情報を収集する
25．各種メディアの活用
26．人的情報源の活用

●効果的な記録の取り方を知る
27．ノートの作成法
28．カードの作成法
29．切り抜き．ファイルの作成法
30．ＡＶ機器などを使った記録の取り方
31．コンピュータを使った記録の取り方
●情報を分析し．評価する
32．目的に応じた評価
33．複数の情報の比較・評価
●情報の取り扱い方を知る
34．インターネット
35．著作権
36．情報モラル
37．個人情報

〈Ⅳ 学習結果のまとめ方〉
●学習の結果をまとめる
38．評価した情報の整理
39．伝えたいことの整理
40．自分の考えのまとめ方
41．レポートによるまとめ方
42．紙面によるまとめ方
43．コンピュータを使ったまとめ方
44．資料リストの作成
●まとめたことを発表する
45．レポートによる発表
46．口頭による発表
47．展示．掲示による発表
48．実演による発表
49．写真・ＡＶ機器を使った発表
50．コンピュータを使った発表
●学習の過程と結果を評価する
51．調査・研究の方法
52．調査・研究の過程
53．成果の評価
54．相互評価

参考資料

　参考資料として、平成29年3月に告示された中学校学習指導要領の一部を掲載します。学習指導要領には学校図書館や情報の活用、探究的な学習などについて記載されている部分が多くあります。ここではそういった部分を中心に、学校図書館や情報の活用教育につながる内容をピックアップしてみました。総則や担当する教科の目標、内容などを把握して、情報を活用する授業が日常的に行われることを期待します。
(特に重要なところには下線を引きました)

中学校学習指導要領　（一部抜粋）　　　　　　　　　　　**平成29年3月告示**

第1章　総則
第1　中学校教育の基本と教育課程の役割
2　学校の教育活動を進めるに当たっては，各学校において，第3の1に示す主体的・対話的で深い学びの実現に向けた授業改善を通して，創意工夫を生かした特色ある教育活動を展開する中で，次の（1）から（3）までに掲げる事項の実現を図り，生徒に生きる力を育むことを目指すものとする。
　(1)　基礎的・基本的な知識及び技能を確実に習得させ，これらを活用して課題を解決するために必要な思考力，判断力，表現力等を育むとともに，主体的に学習に取り組む態度を養い，個性を生かし多様な人々との協働を促す教育の充実に努めること。その際，生徒の発達の段階を考慮して，生徒の言語活動など，学習の基盤をつくる活動を充実するとともに，家庭との連携を図りながら，生徒の学習習慣が確立するよう配慮すること。
3　2の（1）から（3）までに掲げる事項の実現を図り，豊かな創造性を備え持続可能な社会の創り手となることが期待される生徒に，生きる力を育むことを目指すに当たっては，学校教育全体並びに各教科，道徳科，総合的な学習の時間及び特別活動（以下「各教科等」という。ただし，第2の3の（2）のア及びウにおいて，特別活動については学級活動（学校給食に係るものを除く。）に限る。）の指導を通してどのような資質・能力の育成を目指すのかを明確にしながら，教育活動の充実を図るものとする。その際，生徒の発達の段階や特性等を踏まえつつ，次に掲げることが偏りなく実現できるようにするものとする。
　(1)　知識及び技能が習得されるようにすること。
　(2)　思考力，判断力，表現力等を育成すること。
　(3)　学びに向かう力，人間性等を涵養すること。
4　各学校においては，生徒や学校，地域の実態を適切に把握し，教育の目的や目標の実現に必要な教育の内容等を教科等横断的な視点で組み立てていくこと，教育課程の実施状況を評価してその改善を図っていくこと，教育課程の実施に必要な人的又は物的な体制を確保するとともにその改善を図っていくことなどを通して，教育課程に基づき組織的かつ計画的に各学校の教育活動の質の向上を図っていくこと（以下「カリキュラム・マネジメント」という。）に努めるものとする。

第2　教育課程の編成

2　教科等横断的な視点に立った資質・能力の育成

　(1)　各学校においては，生徒の発達の段階を考慮し，言語能力，情報活用能力（情報モラルを含む。），問題発見・解決能力等の学習の基盤となる資質・能力を育成していくことができるよう，各教科等の特質を生かし，教科等横断的な視点から教育課程の編成を図るものとする。

第3　教育課程の実施と学習評価

1　主体的・対話的で深い学びの実現に向けた授業改善

　各教科等の指導に当たっては，次の事項に配慮するものとする。

　(2)　第2の2の(1)に示す言語能力の育成を図るため，各学校において必要な言語環境を整えるとともに，国語科を要としつつ各教科等の特質に応じて，生徒の言語活動を充実すること。あわせて，(7)に示すとおり読書活動を充実すること。

　(3)第2の2の(1)に示す情報活用能力の育成を図るため，各学校において，コンピュータや情報通信ネットワークなどの情報手段を活用するために必要な環境を整え，これらを適切に活用した学習活動の充実を図ること。また，各種の統計資料や　新聞，視聴覚教材や教育機器などの教材・教具の適切な活用を図ること。

　(7)　学校図書館を計画的に利用しその機能の活用を図り，生徒の主体的・対話的で深い学びの実現に向けた授業改善に生かすとともに，生徒の自主的，自発的な学習活動や読書活動を充実すること。また，地域の図書館や博物館，美術館，劇場，音楽堂等の施設の活用を積極的に図り，資料を活用した情報の収集や鑑賞等の学習活動を充実すること。

第2章　各教科

第1節　国語

第2　各学年の目標及び内容

〔第1学年〕

1　目標

　(3)　言葉がもつ価値に気付くとともに，進んで読書をし，我が国の言語文化を大切にして，思いや考えを伝え合おうとする態度を養う。

2　内容〔知識及び技能〕

　(2)　話や文章に含まれている情報の扱い方に関する次の事項を身に付けることができるよう指導する。

　ア　原因と結果，意見と根拠など情報と情報との関係について理解すること。

　イ　比較や分類，関係付けなどの情報の整理の仕方，引用の仕方や出典の示し方について理解を深め，それらを使うこと。

　(3)　我が国の言語文化に関する次の事項を身に付けることができるよう指導する。

　オ　読書が，知識や情報を得たり，自分の考えを広げたりすることに役立つことを理解すること。

B　書くこと

(2) (1) に示す事項については，例えば，次のような言語活動を通して指導するも
のとする。

ア　本や資料から文章や図表などを引用して説明したり記録したりするなど，事実
やそれを基に考えたことを書く活動。

C　読むこと

(1) 読むことに関する次の事項を身に付けることができるよう指導する。

ア　文章の中心的な部分と付加的な部分，事実と意見との関係などについて叙述を
基に捉え，要旨を把握すること。

(2) (1) に示す事項については，例えば，次のような言語活動を通して指導するも
のとする。

ア　説明や記録などの文章を読み，理解したことや考えたことを報告したり文章に
まとめたりする活動。

イ　小説や随筆などを読み，考えたことなどを記録したり伝え合ったりする活動。

ウ　学校図書館などを利用し，多様な情報を得て，考えたことなどを報告したり資
料にまとめたりする活動。

〔第2学年〕

A　話すこと・聞くこと

(1) 話すこと・聞くことに関する次の事項を身に付けることができるよう指導する。

イ　自分の立場や考えが明確になるように，根拠の適切さや論理の展開などに注意
して，話の構成を工夫すること。

ウ　資料や機器を用いるなどして，自分の考えが分かりやすく伝わるように表現を
工夫すること。

エ　論理の展開などに注意して聞き，話し手の考えと比較しながら，自分の考えを
まとめること。

B　書くこと

(1) 書くことに関する次の事項を身に付けることができるよう指導する。

ア　目的や意図に応じて，社会生活の中から題材を決め，多様な方法で集めた材料
を整理し，伝えたいことを明確にすること。

ウ　根拠の適切さを考えて説明や具体例を加えたり，表現の効果を考えて描写した
りするなど，自分の考えが伝わる文章になるように工夫すること。

C　読むこと

(1) 読むことに関する次の事項を身に付けることができるよう指導する。

イ　目的に応じて複数の情報を整理しながら適切な情報を得たり，登場人物の言動
の意味などについて考えたりして，内容を解釈すること。

ウ　文章と図表などを結び付け，その関係を踏まえて内容を解釈すること。

エ　観点を明確にして文章を比較するなどし，文章の構成や論理の展開，表現の効
果について考えること。

（2）（1）に示す事項については，例えば，次のような言語活動を通して指導するものとする。

ウ　本や新聞，インターネットなどから集めた情報を活用し，出典を明らかにしながら，考えたことなどを説明したり提案したりする活動。

〔第3学年〕

A　話すこと・聞くこと

（1）イ　自分の立場や考えを明確にし，相手を説得できるように論理の展開などを考えて，話の構成を工夫すること。

B　書くこと

（1）ア　目的や意図に応じて，社会生活の中から題材を決め，集めた材料の客観性や信頼性を確認し，伝えたいことを明確にすること。

　　イ　文章の種類を選択し，多様な読み手を説得できるように論理の展開などを考えて，文章の構成を工夫すること。

　　ウ　表現の仕方を考えたり資料を適切に引用したりするなど，自分の考えが分かりやすく伝わる文章になるように工夫すること。

（2）イ　情報を編集して文章にまとめるなど，伝えたいことを整理して書く活動。

C　読むこと

（1）イ　文章を批判的に読みながら，文章に表れているものの見方や考え方について考えること。

　　エ　文章を読んで考えを広げたり深めたりして，人間，社会，自然などについて，自分の意見をもつこと。

（2）ア　論説や報道などの文章を比較するなどして読み，理解したことや考えたことについて討論したり文章にまとめたりする活動。

　　ウ　実用的な文章を読み，実生活への生かし方を考える活動。

第2節　社会

第2　各分野の目標及び内容〔地理的分野〕

2　内容

B　世界の様々な地域

（1）イ　次のような思考力，判断力，表現力等を身に付けること。

（ア）　①から⑥までの世界の各州において，地域で見られる地球的課題の要因や影響を，州という地域の広がりや地域内の結び付きなどに着目して，それらの地域的特色と関連付けて多面的・多角的に考察し，表現すること。

C　日本の様々な地域

（1）イ　次のような思考力，判断力，表現力等を身に付けること。

（2）日本の地域的特色と地域区分

次の①から④までの項目を取り上げ，分布や地域などに着目して，課題を追究したり解決したりする活動を通して，以下のア及びイの事項を身に付けることがで

きるよう指導する。

①自然環境　②人口　③資源・エネルギーと産業　④交通・通信

(4) 地域の在り方

空間的相互依存作用や地域などに着目して，課題を追究したり解決したりする活動を通して…

3　内容の取扱い

(2)　イ　地図の読図や作図，景観写真の読み取り，地域に関する情報の収集や処理などの地理的技能を身に付けるに当たっては，系統性に留意して計画的に指導すること。

(3)　（ウ）地球儀や地図を積極的に活用し，学習全体を通して，大まかに世界地図や日本地図を描けるようにすること。

(5)　（イ）様々な資料を的確に読み取ったり，地図を有効に活用して事象を説明したりするなどの作業的な学習活動を取り入れること。また，課題の追究に当たり，例えば，防災に関わり危険を予測したり，人口の偏在に関わり人口動態を推測したりする際には，縮尺の大きな地図や統計その他の資料を含む地理空間情報を適切に取り扱い，その活用の技能を高めるようにすること。

第3節　数学

〔第1学年〕

2　内容

A　数と式

(2)　イ　（ア）具体的な場面と関連付けて，一次式の加法と減法の計算の方法を考察し表現すること。

D　データの活用

(1)　ア　次のような知識及び技能を身に付けること。

（ア）ヒストグラムや相対度数などの必要性と意味を理解すること。

（イ）コンピュータなどの情報手段を用いるなどしてデータを表やグラフに整理すること。

イ　次のような思考力，判断力，表現力等を身に付けること。

(2)　不確定な事象の起こりやすさについて，数学的活動を通して，次の事項を身に付けることができるよう指導する。

〔数学的活動〕

(1)　ア　日常の事象を数理的に捉え，数学的に表現・処理し，問題を解決したり，解決の過程や結果を振り返って考察したりする活動

〔第3学年〕

2　内容

D　データの活用

(1)　標本調査について，数学的活動を通して，次の事項を身に付けることができる

よう指導する。
　　ア（イ）コンピュータなどの情報手段を用いるなどして無作為に標本を取り出し，
　　　　　　整理すること。
　　イ（ア）標本調査の方法や結果を批判的に考察し表現すること。
　　　（イ）簡単な場合について標本調査を行い，母集団の傾向を推定し判断すること。
　〔数学的活動〕
　　　（1）ア　日常の事象や社会の事象を数理的に捉え，数学的に表現・処理し，問題
　　　　　　　を解決したり，解決の過程や結果を振り返って考察したりする活動
３　内容の取扱い
第３　指導計画の作成と内容の取扱い
　２　（2）各領域の指導に当たっては，必要に応じ，そろばんや電卓，コンピュータ，
　　　　　情報通信ネットワークなどの情報手段を適切に活用し，学習の効果を高める
　　　　　こと。
　　　（3）各領域の指導に当たっては，具体物を操作して考えたり，<u>データを収集して</u>
　　　　　<u>整理したりする</u>などの具体的な体験を伴う学習を充実すること。
　３　（2）数学を活用して問題解決する方法を理解するとともに，自ら問題を見いだし，
　　　　　解決するための構想を立て，実践し，その過程や結果を評価・改善する機会
　　　　　を設けること。
　　　（4）数学的活動の過程を振り返り，レポートにまとめ発表することなどを通して，
　　　　　その成果を共有する機会を設けること。

第４節　理科
〔第１分野〕
２　内容
　（1）身近な物理現象
　　　イ　身近な物理現象について，問題を見いだし見通しをもって観察，実験などを行い…
　（7）科学技術と人間
　　　科学技術と人間との関わりについての観察，実験などを通して，次の事項を身に
　　　付けることができるよう指導する。
　　ア　日常生活や社会と関連付けながら，次のことを理解するとともに，それらの観
　　　　察，実験などに関する技能を身に付けること。
　　（ア）エネルギーと物質
　　　ア　エネルギーとエネルギー資源
　　　　様々なエネルギーとその変換に関する観察，実験などを通して，日常生活や社
　　　　会では様々なエネルギーの変換を利用していることを見いだして理解するこ
　　　　と。また，人間は，水力，火力，原子力，太陽光などからエネルギーを得てい
　　　　ることを知るとともに，エネルギー資源の有効な利用が大切であることを認識
　　　　すること。

〔第2分野〕
2　内容
　(1)　(ア)　生物の観察と分類の仕方
　　　ア　生物の観察
　　　　校庭や学校周辺の生物の観察を行い，いろいろな生物が様々な場所で生活し
　　　　ていることを見いだして理解するとともに，観察器具の操作，観察記録の仕
　　　　方などの技能を身に付けること。
　　　イ　生物の特徴と分類の仕方
　　　　いろいろな生物を比較して見いだした共通点や相違点を基にして分類できる
　　　　ことを理解するとともに，分類の仕方の基礎を身に付けること。
　(2)　(イ)　地層の重なりと過去の様子
　　　ア　地層の重なりと過去の様子
　　　　地層の様子やその構成物などから地層のでき方を考察し，重なり方や広がり
　　　　方についての規則性を見いだして理解するとともに，地層とその中の化石を
　　　　手掛かりとして過去の環境と地質年代を推定できることを理解すること。
　　　(ウ)　火山と地震
　　　ア　火山活動と火成岩
　　　　火山の形，活動の様子及びその噴出物を調べ，それらを地下のマグマの性質
　　　　と関連付けて理解するとともに，火山岩と深成岩の観察を行い，それらの組
　　　　織の違いを成因と関連付けて理解すること。
　　　イ　地震の伝わり方と地球内部の働き
　　　　地震の体験や記録を基に，その揺れの大きさや伝わり方の規則性に気付くと
　　　　ともに，地震の原因を地球内部の働きと関連付けて理解し，地震に伴う土地
　　　　の変化の様子を理解すること。
　　　(エ)　自然の恵みと火山災害・地震災害
　　　ア　<u>自然の恵みと火山災害・地震災害</u>
　　　　<u>自然がもたらす恵み及び火山災害と地震災害について調べ</u>，これらを火山活
　　　　動や地震発生の仕組みと関連付けて理解すること。
第3　指導計画の作成と内容の取扱い
　1　(4)　日常生活や他教科等との関連を図ること。
　2　(4)　各分野の指導に当たっては，観察，実験の過程での情報の検索，実験，デー
　　　　タの処理，実験の計測などにおいて，コンピュータや情報通信ネットワーク
　　　　などを積極的かつ適切に活用するようにすること。
　　　(5)　指導に当たっては，生徒が学習の見通しを立てたり学習したことを振り返っ
　　　　たりする活動を計画的に取り入れるよう工夫すること。
　　　(9)　<u>博物館や科学学習センターなどと積極的に連携，協力を図るようにすること。</u>

第5節　音楽

第2　各学年の目標及び内容

〔第1学年〕

1　目標

　　(3) 主体的・協働的に表現及び鑑賞の学習に取り組み，音楽活動の楽しさを体験することを通して，音楽文化に親しむとともに，音楽によって生活を明るく豊かなものにしていく態度を養う。

2　内容

B　鑑賞

　　(1) 鑑賞の活動を通して，次の事項を身に付けることができるよう指導する。

　　　　ア　鑑賞に関わる知識を得たり生かしたりしながら，次の（ア）から（ウ）までについて自分なりに考え，音楽のよさや美しさを味わって聴くこと。

　　　　　　（ア）曲や演奏に対する評価とその根拠

　　　　　　（イ）生活や社会における音楽の意味や役割

　　　　　　（ウ）音楽表現の共通性や固有性

　　　　イ　次の（ア）から（ウ）までについて理解すること。

　　　　　　（ア）曲想と音楽の構造との関わり

　　　　　　（イ）音楽の特徴とその背景となる文化や歴史，他の芸術との関わり

　　　　　　（ウ）我が国や郷土の伝統音楽及びアジア地域の諸民族の音楽の特徴と，その特徴から生まれる音楽の多様性

〔第2学年及び第3学年〕

1目標

　　(3) 主体的・協働的に表現及び鑑賞の学習に取り組み，音楽活動の楽しさを体験することを通して，音楽文化に親しむとともに，音楽によって生活を明るく豊かなものにし，音楽に親しんでいく態度を養う。

2　内容

B　鑑賞

　　(1) 鑑賞の活動を通して，次の事項を身に付けることができるよう指導する。

　　　　ア　鑑賞に関わる知識を得たり生かしたりしながら，次の（ア）から（ウ）までについて考え，音楽のよさや美しさを味わって聴くこと。

　　　　　　（ア）曲や演奏に対する評価とその根拠

　　　　　　（イ）生活や社会における音楽の意味や役割

　　　　　　（ウ）音楽表現の共通性や固有性

　　　　イ　次の（ア）から（ウ）までについて理解すること。

　　　　　　（イ）音楽の特徴とその背景となる文化や歴史，他の芸術との関わり

　　　　　　（ウ）我が国や郷土の伝統音楽及び諸外国の様々な音楽の特徴と，その特徴から生まれる音楽の多様性

第3指導計画の作成と内容の取扱い

2　第2の内容の取扱いについては，次の事項に配慮するものとする。

(1) 各学年の「A表現」及び「B鑑賞」の指導に当たっては，次のとおり取り扱うこと。

　　イ　音楽によって喚起された自己のイメージや感情，音楽表現に対する思いや意
　　　図，音楽に対する評価などを伝え合い共感するなど，音や音楽及び言葉によ
　　　るコミュニケーションを図り，音楽科の特質に応じた言語活動を適切に位置
　　　付けられるよう指導を工夫すること。

　　エ　生徒が様々な感覚を関連付けて音楽への理解を深めたり，主体的に学習に取
　　　り組んだりすることができるようにするため，コンピュータや教育機器を効
　　　果的に活用できるよう指導を工夫すること。

　　カ　自己や他者の著作物及びそれらの著作者の創造性を尊重する態度の形成を図
　　　るとともに，必要に応じて，音楽に関する知的財産権について触れるように
　　　すること。また，こうした態度の形成が，音楽文化の継承，発展，創造を支
　　　えていることへの理解につながるよう配慮すること。

第6節美術

第2各学年の目標及び内容

〔第1学年〕

2　内容

B　鑑賞

　(1) 鑑賞の活動を通して，次のとおり鑑賞に関する資質・能力を育成する。

　　ア　美術作品などの見方や感じ方を広げる活動を通して，鑑賞に関する次の事項
　　　を身に付けることができるよう指導する。

　　（ア）造形的なよさや美しさを感じ取り，作者の心情や表現の意図と工夫などに
　　　　ついて考えるなどして，見方や感じ方を広げること。

　　（イ）目的や機能との調和のとれた美しさなどを感じ取り，作者の心情や表現の
　　　　意図と工夫などについて考えるなどして，見方や感じ方を広げること。

　　イ　生活の中の美術の働きや美術文化についての見方や感じ方を広げる活動を通し
　　　て，鑑賞に関する次の事項を身に付けることができるよう指導する。

　　（イ）身近な地域や日本及び諸外国の文化遺産などのよさや美しさなどを感じ
　　　　取り，美術文化について考えるなどして，見方や感じ方を広げること。

〔第2学年及び第3学年〕

2　内容

B　鑑賞

　(1) 鑑賞の活動を通して，次のとおり鑑賞に関する資質・能力を育成する。

　　ア　美術作品などの見方や感じ方を深める活動を通して，鑑賞に関する次の事項を
　　　身に付けることができるよう指導する。

　　（ア）造形的なよさや美しさを感じ取り，作者の心情や表現の意図と創造的な工
　　　　夫などについて考えるなどして，美意識を高め，見方や感じ方を深めること。

　　（イ）目的や機能との調和のとれた洗練された美しさなどを感じ取り，作者の心

情や表現の意図と創造的な工夫などについて考えるなどして，美意識を高め，見方や感じ方を深めること。

イ　生活や社会の中の美術の働きや美術文化についての見方や感じ方を深める活動を通して，鑑賞に関する次の事項を身に付けることができるよう指導する。

（イ）日本の美術作品や受け継がれてきた表現の特質などから，伝統や文化のよさや美しさを感じ取り愛情を深めるとともに，諸外国の美術や文化との相違点や共通点に気付き，美術を通した国際理解や美術文化の継承と創造について考えるなどして，見方や感じ方を深めること。

〔共通事項〕

3　(2)「A表現」及び「B鑑賞」の指導に当たっては，発想や構想に関する資質・能力や鑑賞に関する資質・能力を育成する観点から，〔共通事項〕に示す事項を視点に，アイデアスケッチで構想を練ったり，言葉で考えを整理したりすることや，作品などに対する自分の価値意識をもって批評し合うなどして対象の見方や感じ方を深めるなどの言語活動の充実を図ること。

(3)「B鑑賞」のイの（イ）の指導に当たっては，日本の美術の概括的な変遷などを捉えることを通して，各時代における作品の特質，人々の感じ方や考え方，願いなどを感じ取ることができるよう配慮すること。

第3指導計画の作成と内容の取扱い

1　指導計画の作成に当たっては，次の事項に配慮するものとする。

(1)　題材など内容や時間のまとまりを見通して，その中で育む資質・能力の育成に向けて，生徒の主体的・対話的で深い学びの実現を図るようにすること。その際，造形的な見方・考え方を働かせ，表現及び鑑賞に関する資質・能力を相互に関連させた学習の充実を図ること。

2　第2の内容の取扱いについては，次の事項に配慮するものとする。

(3)　各学年の「A表現」の指導に当たっては，生徒の学習経験や資質・能力，発達の特性等の実態を踏まえ，生徒が自分の表現意図に合う表現形式や技法，材料などを選択し創意工夫して表現できるように，次の事項に配慮すること。

イ　美術の表現の可能性を広げるために，写真・ビデオ・コンピュータ等の映像メディアの積極的な活用を図るようにすること。

ウ　日本及び諸外国の作品の独特な表現形式，漫画やイラストレーション，図などの多様な表現方法を活用できるようにすること。

(6)　各学年の「B鑑賞」の題材については，国内外の児童生徒の作品，我が国を含むアジアの文化遺産についても取り上げるとともに，美術館や博物館等と連携を図ったり，それらの施設や文化財などを積極的に活用したりするようにすること。

(7)　創造することの価値を捉え，自己や他者の作品などに表れている創造性を尊重する態度の形成を図るとともに，必要に応じて，美術に関する知的財産権や肖像権などについて触れるようにすること。また，こうした態度の形成が，美術文化の継承，発展，創造を支えていることへの理解につながるよう配慮すること。

4　学校における鑑賞のための環境づくりをするに当たっては，次の事項に配慮するものとする。

(1) 生徒が造形的な視点を豊かにもつことができるよう，生徒や学校の実態に応じて，学校図書館等における鑑賞用図書，映像資料等の活用を図ること。

(2) 生徒が鑑賞に親しむことができるよう，校内の適切な場所に鑑賞作品などを展示するとともに，学校や地域の実態に応じて，校外においても生徒作品などの展示の機会を設けるなどすること。

第7節保健体育
第2　各学年の目標及び内容
〔保健分野〕
1　目標
　(1) 個人生活における健康・安全について理解するとともに，基本的な技能を身に付けるようにする。
　(2) 健康についての自他の課題を発見し，よりよい解決に向けて思考し判断するとともに，他者に伝える力を養う。
　(3)生涯を通じて心身の健康の保持増進を目指し,明るく豊かな生活を営む態度を養う。
2　内容
　(1) 健康な生活と疾病の予防について，課題を発見し，その解決を目指した活動を通して，次の事項を身に付けることができるよう指導する。
　　イ　健康な生活と疾病の予防について，課題を発見し，その解決に向けて思考し判断するとともに，それらを表現すること。
　(2) 心身の機能の発達と心の健康について，課題を発見し，その解決を目指した活動を通して，次の事項を身に付けることができるよう指導する。
　　イ　心身の機能の発達と心の健康について，課題を発見し，その解決に向けて思考し判断するとともに，それらを表現すること。
　(3) 傷害の防止について，課題を発見し，その解決を目指した活動を通して，次の事項を身に付けることができるよう指導する。
　　イ　傷害の防止について，危険の予測やその回避の方法を考え，それらを表現すること。
　(4) 健康と環境について，課題を発見し，その解決を目指した活動を通して，次の事項を身に付けることができるよう指導する。
　　イ　健康と環境に関する情報から課題を発見し，その解決に向けて思考し判断するとともに，それらを表現すること。
3　内容の取扱い
　(3) 内容の (1) のアの (イ) 及び (ウ) については，食育の観点も踏まえつつ健康的な生活習慣の形成に結び付くように配慮するとともに，必要に応じて，コンピュータなどの情報機器の使用と健康との関わりについて取り扱うことにも配

慮するものとする。

(11) 保健分野の指導に際しては，自他の健康に関心をもてるようにし，健康に関する課題を解決する学習活動を取り入れるなどの指導方法の工夫を行うものとする。

第3指導計画の作成と内容の取扱い

1 (1) 単元など内容や時間のまとまりを見通して，その中で育む資質・能力の育成に向けて，生徒の主体的・対話的で深い学びの実現を図るようにすること。その際，体育や保健の見方・考え方を働かせながら，運動や健康についての自他の課題を発見し，その合理的な解決のための活動の充実を図ること。

2 (2) 言語能力を育成する言語活動を重視し，筋道を立てて練習や作戦について話し合う活動や，個人生活における健康の保持増進や回復について話し合う活動などを通して，コミュニケーション能力や論理的な思考力の育成を促し，自主的な学習活動の充実を図ること。

(3) 第2の内容の指導に当たっては，<u>コンピュータや情報通信ネットワークなどの情報手段を積極的に活用して，各分野の特質に応じた学習活動を行うよう工夫すること。</u>

第8節技術・家庭

第1 目標

(2) 生活や社会の中から問題を見いだして課題を設定し，解決策を構想し，実践を評価・改善し，表現するなど，課題を解決する力を養う。

第2 各分野の目標及び内容〔技術分野〕

2 内容

B 生物育成の技術

(1) 生活や社会を支える生物育成の技術について調べる活動などを通して，次の事項を身に付けることができるよう指導する。

　　イ 技術に込められた問題解決の工夫について考えること。

C エネルギー変換の技術

(1) <u>生活や社会を支えるエネルギー変換の技術について調べる活動などを通して，</u>次の事項を身に付けることができるよう指導する。

　　イ 技術に込められた問題解決の工夫について考えること。

D 情報の技術

(1) 生活や社会を支える情報の技術について調べる活動などを通して，次の事項を身に付けることができるよう指導する。

　　ア 情報の表現，記録，計算，通信の特性等の原理・法則と，情報のデジタル化や処理の自動化，システム化，情報セキュリティ等に関わる基礎的な技術の仕組み及び情報モラルの必要性について理解すること。

(2) 生活や社会における問題を，ネットワークを利用した双方向性のあるコンテンツのプログラミングによって解決する活動を通して，次の事項を身に付けることがで

きるよう指導する。
　　ア　情報通信ネットワークの構成と，情報を利用するための基本的な仕組みを理解
　　　　し，安全・適切なプログラムの制作，動作の確認及びデバッグ等ができること。
　　イ　問題を見いだして課題を設定し，使用するメディアを複合する方法とその効果
　　　　的な利用方法等を構想して情報処理の手順を具体化するとともに，制作の過程
　　　　や結果の評価，改善及び修正について考えること。
３　内容の取扱い
　(4)　内容の「D情報の技術」については，次のとおり取り扱うものとする。
　　ア　(1)については，情報のデジタル化の方法と情報の量，著作権を含めた知的財
　　　　産権，発信した情報に対する責任，及び社会におけるサイバーセキュリティが
　　　　重要であることについても扱うこと。
　　イ　(2)については，コンテンツに用いる各種メディアの基本的な特徴や，個人情
　　　　報の保護の必要性についても扱うこと。
　(6)　各内容における(2)及び内容の「D情報の技術」の(3)については，次のとおり
　　取り扱うものとする。
　　ア　イでは，各内容の(1)のイで気付かせた見方・考え方により問題を見いだし
　　　　て課題を設定し，自分なりの解決策を構想させること。
　　イ　知的財産を創造，保護及び活用しようとする態度，技術に関わる倫理観，並び
　　　　に他者と協働して粘り強く物事を前に進める態度を養うことを目指すこと。
〔家庭分野〕
１　目標
　　生活の営みに係る見方・考え方を働かせ，衣食住などに関する実践的・体験的な活
　　動を通して，よりよい生活の実現に向けて，生活を工夫し創造する資質・能力を次
　　のとおり育成することを目指す。
　(2)　家族・家庭や地域における生活の中から問題を見いだして課題を設定し，解決策
　　を構想し，実践を評価・改善し，考察したことを論理的に表現するなど，これから
　　の生活を展望して課題を解決する力を養う。
２　内容
Ｂ　衣食住の生活
　　次の(1)から(7)までの項目について，課題をもって，健康・快適・安全で豊かな
　　食生活，衣生活，住生活に向けて考え，工夫する活動を通して，次の事項を身に付
　　けることができるよう指導する。
　(7)　衣食住の生活についての課題と実践
　　ア　食生活，衣生活，住生活の中から問題を見いだして課題を設定し，その解決に
　　　　向けてよりよい生活を考え，計画を立てて実践できること。
３　内容の取扱い
第３指導計画の作成と内容の取扱い
１　(1)　題材など内容や時間のまとまりを見通して，その中で育む資質・能力の育成に

向けて，生徒の主体的・対話的で深い学びの実現を図るようにすること。その際，生活の営みに係る見方・考え方や技術の見方・考え方を働かせ，知識を相互に関連付けてより深く理解するとともに，生活や社会の中から問題を見いだして解決策を構想し，実践を評価・改善して，新たな課題の解決に向かう過程を重視した学習の充実を図ること。

2 （1） 指導に当たっては，衣食住やものづくりなどに関する実習等の結果を整理し考察する学習活動や，生活や社会における課題を解決するために言葉や図表，概念などを用いて考えたり，説明したりするなどの学習活動の充実を図ること。

（2） 指導に当たっては，コンピュータや情報通信ネットワークを積極的に活用して，実習等における情報の収集・整理や，実践結果の発表などを行うことができるように工夫すること。

（4） 資質・能力の育成を図り，一人一人の個性を生かし伸ばすよう，生徒の興味・関心を踏まえた学習課題の設定，技能の習得状況に応じた少人数指導や教材・教具の工夫など個に応じた指導の充実に努めること。

第9節外国語
3　指導計画の作成と内容の取扱い
（2）　2の内容に示す事項については，次の事項に配慮するものとする。
　　キ生徒が身に付けるべき資質・能力や生徒の実態，教材の内容などに応じて，視聴覚教材やコンピュータ，情報通信ネットワーク，教育機器などを有効活用し，生徒の興味，関心をより高め，指導の効率化や言語活動の更なる充実を図るようにすること。

第3章特別の教科
道徳
第3指導計画の作成と内容の取扱い
2　第2の内容の指導に当たっては，次の事項に配慮するものとする。
（4） 生徒が多様な感じ方や考え方に接する中で，考えを深め，判断し，表現する力などを育むことができるよう，自分の考えを基に討論したり書いたりするなどの言語活動を充実すること。その際，様々な価値観について多面的・多角的な視点から振り返って考える機会を設けるとともに，生徒が多様な見方や考え方に接しながら，更に新しい見方や考え方を生み出していくことができるよう留意すること。

（5） 生徒の発達の段階や特性等を考慮し，指導のねらいに即して，問題解決的な学習，道徳的行為に関する体験的な学習等を適切に取り入れるなど，指導方法を工夫すること。その際，それらの活動を通じて学んだ内容の意義などについて考えることができるようにすること。

（6） 生徒の発達の段階や特性等を考慮し，第2に示す内容との関連を踏まえつつ，情報モラルに関する指導を充実すること。また，例えば，科学技術の発展と生命倫

理との関係や社会の持続可能な発展などの現代的な課題の取扱いにも留意し，身近な社会的課題を自分との関係において考え，その解決に向けて取り組もうとする意欲や態度を育てるよう努めること。

第4章総合的な学習の時間

第1目標

　探究的な見方・考え方を働かせ，横断的・総合的な学習を行うことを通して，よりよく課題を解決し，自己の生き方を考えていくための資質・能力を次のとおり育成することを目指す。

(1) 探究的な学習の過程において，課題の解決に必要な知識及び技能を身に付け，課題に関わる概念を形成し，探究的な学習のよさを理解するようにする。

(2) 実社会や実生活の中から問いを見いだし，自分で課題を立て，情報を集め，整理・分析して，まとめ・表現することができるようにする。

(3) 探究的な学習に主体的・協働的に取り組むとともに，互いのよさを生かしながら，積極的に社会に参画しようとする態度を養う。

第2各学校において定める目標及び内容

3　各学校において定める目標及び内容の取扱い各学校において定める目標及び内容の設定に当たっては，次の事項に配慮するものとする。

(4) 各学校において定める内容については，目標を実現するにふさわしい探究課題，探究課題の解決を通して育成を目指す具体的な資質・能力を示すこと。

(5) 目標を実現するにふさわしい探究課題については，学校の実態に応じて，例えば，国際理解，情報，環境，福祉・健康などの現代的な諸課題に対応する横断的・総合的な課題，地域や学校の特色に応じた課題，生徒の興味・関心に基づく課題，職業や自己の将来に関する課題などを踏まえて設定すること。

(6) 探究課題の解決を通して育成を目指す具体的な資質・能力については，次の事項に配慮すること。

　ア　知識及び技能については，他教科等及び総合的な学習の時間で習得する知識及び技能が相互に関連付けられ，社会の中で生きて働くものとして形成されるようにすること。

　イ　思考力，判断力，表現力等については，課題の設定，情報の収集，整理・分析，まとめ・表現などの探究的な学習の過程において発揮され，未知の状況において活用できるものとして身に付けられるようにすること。

(7) 目標を実現するにふさわしい探究課題及び探究課題の解決を通して育成を目指す具体的な資質・能力については，教科等を越えた全ての学習の基盤となる資質・能力が育まれ，活用されるものとなるよう配慮すること。

第3指導計画の作成と内容の取扱い

1　指導計画の作成に当たっては，次の事項に配慮するものとする。

(1) 年間や，単元など内容や時間のまとまりを見通して，その中で育む資質・能力の

育成に向けて，生徒の主体的・対話的で深い学びの実現を図るようにすること。その際，生徒や学校，地域の実態等に応じて，生徒が探究的な見方・考え方を働かせ，教科等の枠を超えた横断的・総合的な学習や生徒の興味・関心等に基づく学習を行うなど創意工夫を生かした教育活動の充実を図ること。

(3) 他教科等及び総合的な学習の時間で身に付けた資質・能力を相互に関連付け，学習や生活において生かし，それらが総合的に働くようにすること。その際，言語能力，情報活用能力など全ての学習の基盤となる資質・能力を重視すること。

2 (2) 探究的な学習の過程においては，他者と協働して課題を解決しようとする学習活動や，言語により分析し，まとめたり表現したりするなどの学習活動が行われるようにすること。その際，例えば，比較する，分類する，関連付けるなどの考えるための技法が活用されるようにすること。

(3) 探究的な学習の過程においては，コンピュータや情報通信ネットワークなどを適切かつ効果的に活用して，情報を収集・整理・発信するなどの学習活動が行われるよう工夫すること。その際，情報や情報手段を主体的に選択し活用できるよう配慮すること。

(7) 学校図書館の活用，他の学校との連携，公民館，図書館，博物館等の社会教育施設や社会教育関係団体等の各種団体との連携，地域の教材や学習環境の積極的な活用などの工夫を行うこと。

(8) 職業や自己の将来に関する学習を行う際には，探究的な学習に取り組むことを通して，自己を理解し，将来の生き方を考えるなどの学習活動が行われるようにすること。

第5章特別活動
第2各活動・学校行事の目標及び内容
〔学級活動〕
2 内容
　1の資質・能力を育成するため，全ての学年において，次の各活動を通して，それぞれの活動の意義及び活動を行う上で必要となることについて理解し，主体的に考えて実践できるよう指導する。
(3) 一人一人のキャリア形成と自己実現
　ア　社会生活，職業生活との接続を踏まえた主体的な学習態度の形成と学校図書館等の活用
　　　現在及び将来の学習と自己実現とのつながりを考えたり，自主的に学習する場としての学校図書館等を活用したりしながら，学ぶことと働くことの意義を意識して学習の見通しを立て，振り返ること。
　ウ　主体的な進路の選択と将来設計
　　　目標をもって，生き方や進路に関する適切な情報を収集・整理し，自己の個性や興味・関心と照らして考えること。

おわりに

　学校図書館は「学習の場」であると思っていた私ですが、現状では図書館（「図書室」と呼ばれている）は「読書の場」としか認識されていないと気づいたのは、全国各地の学校図書館にお伺いしたり、学校司書や教員の話を聞いたりしてからでした。学校図書館スーパーバイザー（または学校図書館主任指導員）として、10年間、3つの自治体の教育委員会に所属し図書館活用教育に関われたことは、私にとって大きな収穫でした。そして、同時に学校図書館を学習の場としたいという思いが膨らみました。

　「調べる学習にチャレンジ」「親子で調べる学習体験講座」といった学習を提案し、多くの子どもたちと接しながら「調べる」という行為が伴う学習の面白さ、楽しさを私自身が感じるようになり、ぜひともこの学習を図書館から広げたいと思うようになりました。「この学習を本にして欲しい」「CD-ROMが欲しい」という先生方の声に押されて出版することを考えるようになり、子どもの未来社の奥川隆氏に相談しました。そして、昨年『藤田式「調べる学習」指導法　小学校編』を出版させていただくことができ、とてもありがたく思いました。

　今回の中学校版では、札幌の佐藤敬子先生に多大なご協力をいただきました。「調べる学習にチャレンジ」と合わせて、中学校で調べる学習を展開するための様々な手立てを佐藤先生の実践にもとづいて提案していただいています。まだ経験の浅い先生、図書館の担当になったけれどどうしたらよいかと思案されている先生にも、すぐできるヒントが詰まっています。

　学習指導案（活動案）では、「司書教諭の支援」という欄を設けました。しかし、司書教諭は授業に関わる時間がないというのが現状です。そこで、その指導は授業担当者が行ってください。授業担当者が1人でも十分指導できる内容となっています。ただ、司書教諭は授業の事前の相談や準備など関われることはいくらでもあります。授業案を参考にできるだけ授業の構築に貢献してください。その姿勢が図書館活用教育を進化させます。

　神奈川県大和市の中学校全校では、1年間、図書館の活用教育に関する研修会を担当させていただきました。ほぼ全員ともいえる先生方対し、同じ研修を学校毎に実施させていただいたところ、「図書館をもっと利用したい」

「WEBだけで調べるのではなく、本や資料も使わせる」といった声が多く聞かれました。実際研修後は図書館を活用した授業が増え、前年度と比較すると40％近く増加したとのことでした。

　この研修で感じたことは「中学校の先生方は熱い！」ことです。本当に熱心に研修される先生が多く、図書館の本を細かくチェックされる姿や資料をもとに熱く議論される姿をよく見かけました。学習の手段にもう一工夫加わり、授業が変われば、今よりもっと深い学びを生徒が体験できるかもしれません。

　中学校版でも編集の粕谷亮美さん、デザイナーのシマダチカコさん、イラストレーターの鳥取秀子さんには大変お世話になりました。私の原稿を迅速にチェックし、読み手の皆様により理解しやすくしてくださる粕谷さんの編集力は素晴らしいものです。シマダさんにはわかりやすいレイアウトを考えていただき、鳥取さんには注文に合わせたイラストを描いていただきました。本当にありがとうございました。

　この本を通して、新たな調べる学習を展開する、調べさせ方に一工夫するといった授業を考えていただくことができたら素晴らしいことだと思います。また、そういう活動をしていただく先生や生徒を1人でも多く育てるお手伝いができることは、私にとってこの上ない幸せだと思っています。

藤田利江

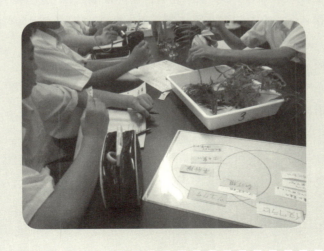

参考文献

【P 66　シックスハット】
- としょかん通信　中・高校生版　2013 年 12 月号（全国学校図書館協議会）
- 『日本は世界で何番目？　3 環境とエネルギー』大月書店（2014 年）
- 『日本の産業まるわかり大百科 7 国土と環境保全』ポプラ社（2012 年）
- 『コドモの常識ものしり事典 3 生きものと科学のふしぎ Q & A』日本図書センター（2010 年）
- 『池上彰のニュースに登場する環境問題 1 気候変動』さ・え・ら書房（2010 年）

【P 67　クリティカルリーディング】
- 『思考を深める探究学習』桑田てるみ／著　学校図書館協議会（2016 年）
  毎日新聞　余録　2017. 8. 11

【P 69　ピラミッドチャート 3 段】
- 『すぐ実践できる情報スキル 50』塩谷京子／著　ミネルヴァ書房（2016 年）
- 『日本の産業まるわかり大百科 2　農業』ポプラ社（2012 年）
- 『池上彰のニュースに登場する環境問題 3　食糧』さ・え・ら書房（2010 年）
- 『池上彰のニュースに登場する環境問題 5　健康・病気』さ・え・ら書房（2010 年）

【P 70　ピラミッドチャート 2 段】
- 『中学生・高校生のための探究学習スキルワーク』桑田てるみ／編
  学校図書館協議会（2012 年）
- 『思考を深める探究学習』桑田てるみ／著　学校図書館協議会（2016 年）
- 『すぐ実践できる情報スキル 50』塩谷京子／著　ミネルヴァ書房（2016 年）
- 『学びの技〜 14 歳からの探究・論文・プレゼンテーション』
  後藤芳文・伊藤史織・登本洋子／著　玉川大学出版部（2016 年）
- 『ＩＣＴ×思考ツールでつくる「主体的・対話的で深い学び」を促す授業』
  新潟大学教育学部附属新潟小学校　小学館（2017 年）

【その他】
- 『調べる力がぐんぐん身につく　藤田式「調べる学習」指導法　小学校編』
  藤田利江／著　子どもの未来社（2017 年）
- 『楽しく進める「学び方の指導」』佐藤敬子／著　全国学校図書館協議会（2016 年）

※執筆にあたり、以下の皆様より実践や参考図書リスト、画像などのご協力をいただきました。この場を借りてお礼申し上げます。

神奈川県大和市立光丘中学校
神奈川県大和市立南林間中学校
神奈川県大和市立大和中学校
東京都江戸川区立松江第四学校
北海道札幌市立発寒中学校
北海道札幌市立宮の丘中学校

【著者プロフィール】

藤田　利江（ふじた　としえ）

全国 SLA 学校図書館スーパーバイザー。元・小学校教諭（神奈川県厚木市）。平成 15 年からは司書教諭を兼任。平成 19 年度から荒川区教育委員会学校図書館支援室に、平成 25 年から神奈川県大和市教育委員会学校図書館支援チームに関わる。平成 28 年度は江戸川区教育委員会に勤務。平成 15 年度 6 年生を担任しながら、司書教諭の授業として 137 時間を展開。その活動記録で学校図書館賞奨励賞を受賞。平成 27 年度「図書館を使った調べる学習コンクール、調べる学習指導・支援部門」で優秀賞を受賞。
主な著書に、『司書教諭 1 年目の活動記録』『授業にいかす情報ファイル』（全国学校図書館協議会）、編著に『学校図書館の力を活かす』『学びを拓く授業モデル』『楽しい調べ学習』（国土社）、『調べる力がぐんぐん身につく　藤田式「調べる学習」指導法　小学校編』（子どもの未来社）ほか。

【執筆協力者】

佐藤　敬子（さとう　けいこ）

全国 SLA 学校図書館スーパーバイザー。札幌市立の中学校国語科担当教諭、学校図書館担当係・兼任司書教諭として 36 年間勤務。司書教諭としての活動で、平成 17 年度札幌市教育功績者表彰を受ける。北海道 SLA 研究部部長を経て現在は理事。
単著に『楽しく進める学び方の指導　中学校司書教諭の歩み』（全国学校図書館協議会）、共著に、『教科の充実で学力を伸ばす』『情報教育マイスター入門』（ぎょうせい）、『実践資料集　学校図書館☆学び方の指導ワークシート集』（北海道 SLA）、『学校図書館から教育を変えるⅢ　学びを拓く授業モデル』（国土社）、『困ったときには図書館へ 2　学校図書館の挑戦と可能性』『学校図書館必携』（悠光堂）がある。

編集●粕谷亮美（SANTA POST）
本文イラスト●鳥取秀子
本文デザイン／DTP●シマダチカコ

調べる力がぐんぐん身につく
藤田式「調べる学習」指導法 中学校編　CD-ROM付
2018年7月24日　第1刷印刷
2018年7月24日　第1刷発行

著　者●藤田利江
発行者●奥川　隆
発行所●子どもの未来社
　　　　〒113-0033
　　　　東京都文京区本郷3-26-1 本郷宮田ビル4F
　　　　TEL：03-3830-0027　FAX：03-3830-0028
　　　　振替　00150-1-553485
　　　　E-mail：co-mirai@f8.dion.ne.jp
　　　　HP：http://comirai.shop12.makeshop.jp/
印刷・製本●株式会社シナノ印刷

©Toshie Fujita　　　　　　　　　　Printed in Japan
ISBN 978-4-86412-137-8　C0037
■定価はカバーに表示してあります。落丁・乱丁の際は送料弊社負担でお取り替えいたします。
■本書の全部、または一部の無断での複写（コピー）・複製・転訳、および磁気または光記録媒
　体への入力等を禁じます。複写等を希望される場合は、小社著作権管理部にご連絡ください。

【館外貸出可能】
※本書に付属のCD-ROMは、図書館およびそれに準ずる施設において、
　館外へ貸し出しを行うことができます。